BOISSY

LE
BABILLARD

COMÉDIE EN UN ACTE

REPRÉSENTÉE POUR LA PREMIÈRE FOIS A PARIS EN

1725

LE MÉDECIN PAR OCCASION

COMÉDIE EN CINQ ACTES

REPRÉSENTÉE POUR LA PREMIÈRE FOIS A PARIS EN

1745

NOUVELLE ÉDITION

PUBLIÉE

fondateur Collection — 100 Bons Livres 10 c

PARIS

Y+ PARTEMENTS, ÉTRANGER,

CHEZ TOUS LES LIBRAIRES

1878

20 c. — THÉÂTRE — 20 c.

CHEZ TOUS LES LIBRAIRES

Boissy

LE
BABILLARD

Comédie en un Acte

REPRÉSENTÉE POUR LA PREMIÈRE FOIS A PARIS EN

1725

LE MÉDECIN PAR OCCASION

Comédie en Cinq Actes

REPRÉSENTÉE POUR LA PREMIÈRE FOIS A PARIS EN

1745

NOUVELLE ÉDITION

PUBLIÉE

PARIS

Départements, Étranger,

CHEZ TOUS LES LIBRAIRES

1878

LE BABILLARD

PERSONNAGES

LÉANDRE, amant de Clarice.
VALÈRE, son rival.
CLARICE, veuve.
CÉPHISE, sa tante.
DAPHNÉ, sa voisine.
HORTENSE, sœur de Daphné.

ISMÈNE, amie de Céphise.
MÉLITE, }
DORIS, } babillardes.
NÉRINE, suivante de Clarice.
LA FLEUR, laquais.

(La scène est à Paris, chez Clarice.)

SCÈNE I

CLARICE, NÉRINE.

CLARICE.

Je sors d'avec Léandre : ah ! quel homme ennuyeux !
Je n'en puis plus, je sens un mal de tête affreux :
Il n'a pas déparlé pendant une heure entière ;
Par bonheur, à la fin, je viens de m'en défaire,
Sous le prétexte heureux d'une commission
Dont j'ai su le charger.

NÉRINE.

Il fallait, sans façon,
Lui donner son congé. Si j'avais été crue,
Vous l'auriez fait, madame, à la première vue.
Sa langue est justement un claquet de moulin,
Qu'on ne peut arrêter sitôt qu'elle est en train ;
Qui babille, habille, et qui d'un flux rapide
Suit indiscrètement la chaleur qui la guide ;
De guerre, de combats, cent fois vous étourdit ;
Parle contre lui-même, et souvent se trahit ;
Dit le bien et le mal sans voir la conséquence,
Et de taire un secret ignore la science.

CLARICE.

Tu le peins assez bien.

NÉRINE.

Oui, j'ose mettre en fait,
Madame, qu'un bavard est toujours indiscret
En vain. Tel est l'esprit de notre capitaine :
Quoiqu'il ne vienne ici que de cette semaine,
Ce temps me semble un siècle ; et je tremble aujourd'hui
Que vous n'ayez dessein de vous unir à lui.
Étant si différents d'humeur, de caractère.
Clarice, honneur du sexe, a le don de se taire,
Exemple du défaut qui nous est reproché,
Et dont monsieur Léandre est si fort entiché.
Pour moi, je trouverais son parent préférable ;
Valère est le plus jeune et le plus raisonnable,
Il a beaucoup d'esprit, parle peu, comme vous.

CLARICE.

Nérine, je veux bien l'avouer entre nous,
Je pense comme toi : tout ce qui m'embarrasse,
Je dépends de ma tante.

NÉRINE.

Eh ! madame, de grâce,
N'êtes-vous pas veuve ?

CLARICE.

Oui ; mais je dois ménager
Cette tante qui m'aime et veut m'avantager ;
Tu sais que j'en attends un fort gros héritage.
Je ne puis faire un choix sans avoir son suffrage ;
Et malheureusement, sans l'avoir jamais vu,
Céphise pour Léandre a l'esprit prévenu.
Ismène, son amie, avec grand étalage,
En a fait un portrait comme d'un personnage
Distingué dans la guerre, et qui pour sa valeur
Doit bientôt d'une place être fait gouverneur.

NÉRINE.

Valère est officier, brigue la même place,
Et peut également obtenir cette grâce.
Quand même le contraire arriverait enfin,
Pourrez-vous épouser...

CLARICE.
Mon cœur est incertain.
NÉRINE
Et moi, si pour époux vous acceptez Léandre,
Je quitte dès ce soir sans plus longtemps attendre.
Quel maître ! Il voudrait seul parler dans le logis.
Ce serait un tyran qui, tout le jour assis,
Usurperait nos droits, qui ferait notre office ;
Et je mourrais plutôt que d'être à son service.
Il me serait trop dur de garder mes discours,
De ne pouvoir rien dire, et d'écouter toujours.
Un grand parleur, madame, est un monstre en ménage,
Et ce n'est que pour nous qu'est fait le *babillage*.
CLARICE.
Que veux-tu que je fasse en cette occasion ?
Dis.
NÉRINE.
Il faut vous armer de résolution,
Sortir en même temps de votre léthargie ;
Agir, faire parler une commune amie ;
Par exemple, Daphné, qui dans cette maison
Occupe un logement.
CLARICE.
Sous un air assez bon,
Elle a l'esprit malin. J'ai plus de confiance
Dans Hortense sa sœur.
NÉRINE.
L'une et l'autre s'avance.

SCÈNE II

CLARICE, DAPHNÉ, HORTENSE, NÉRINE.

DAPHNÉ, à Clarice.
Quoi ! vous vous mariez, et ne m'en dites rien.
A moi, votre voisine ! Oh ! cela n'est pas bien.
CLARICE.
Mais vous me surprenez avec cette nouvelle.
DAPHNÉ.
A quoi bon le cacher ? Soyez plus naturelle.

Vous sortez du veuvage, il n'est rien de plus sûr.

CLARICE.

Qui peut vous l'avoir dit ?

DAPHNÉ.

Votre mari futur.

Dès demain au plus tard vous épousez Léandre.

HORTENSE.

C'est un bruit que lui-même a grand soin de répandre

Ce n'est plus un secret.

NÉRINE.

Il est bon là, ma foi !

CLARICE.

Vous êtes là-dessus plus savantes que moi.

Je sais, pour m'obtenir, qu'il fait agir Ismène,

Mais je ne croyais pas la chose si prochaine.

Léandre, le premier, aurait dû m'avertir,

Et la seule raison m'y fera consentir.

Comme mon cœur rejette au fond cette alliance,

Vous devez l'une et l'autre excuser mon silence.

J'ai même appréhendé qu'avec juste raison

Daphné ne badinât d'une telle union ;

Et, pour preuve qu'ici j'agis avec franchise,

Je vous prie instamment d'en parler à Céphise,

Pour la faire changer de résolution :

Je ne vous aurai pas peu d'obligation.

HORTENSE.

Dès que je la verrai, fiez-vous à mon zèle ;

Comptez que je ferai mon possible auprès d'elle.

CLARICE.

Écoutez cependant, je dois vous avertir

Que Léandre chez moi va bientôt revenir.

S'il nous rencontre ensemble...

NÉRINE.

Eh ! vous n'avez que faire

De vous presser, sachant quel est son caractère.

Il est chargé pour vous d'une commission,

Mais il ne quitte pas sitôt une maison.

Il dit toujours: Je sors, et toujours il demeure.

Ne parlât-il qu'au Suisse, il lui faut plus d'une heure.
Ce remarquable trait, l'avez-vous oublié ?
A dîner l'autre jour quand vous l'avez prié,
Il fut voir le matin Doris, grande parleuse ;
Puis Mélite survint, autre insigne causeuse.
Le trio de jaser fit si bien son devoir,
Qu'il ne se sépara pas qu'à cinq heures du soir.
Il jaserait encore, si le discret Léandre
N'avait appréhendé de se trop faire attendre :
Croyant se mettre à table, il vint (j'en ai bien ri)
Une grosse heure après qu'on en était sorti.

DAPHNÉ.

Le trait est singulier.

HORTENSE.

S'il ne trouvait personne ?

DAPHNÉ.

Pour plus de sûreté, dépêchons-nous, ma bonne.
Partons.

HORTENSE.

Ma sœur et moi, nous allons au palais,
Où nous avons affaire.

CLARICE.

Et moi, dans le Marais,
Voir ma tante, et savoir au vrai ce qu'elle pense
D'un hymen pour lequel j'ai de la répugnance.

DAPHNÉ.

Quelqu'un monte ; c'est lui, car j'entends parler haut.
Sortons par ce côté ; sauvons-nous au plutôt.

(Elles sortent.)

NÉRINE.

Il a de babiller une fureur extrême,
Jusque-là qu'étant seul il jase avec lui-même.

SCÈNE III

LÉANDRE, NÉRINE.

LÉANDRE, parlant tout seul sans voir Nérine.

Non, rien n'est plus piquant que de courir, d'aller,

Sans rencontrer personne à qui pouvoir parler.
Quand on trouve les gens, on raisonne, l'on cause,
On s'informe et toujours on apprend quelque chose ;
Et ne dît-on qu'un mot au portier du logis,
Cela vous satisfait ; et comme le marquis
Me disait l'autre jour en allant chez Julie...

NÉRINE.

A qui parle monsieur ?

LÉANDRE.

C'est toi ! Bonjour, ma mie,
Comment te portes-tu ? Fort bien, j'en suis ravi ;
Ta maîtresse de même, et moi fort bien aussi.
Elle m'avait prié d'aller voir Isabelle
De sa part ; mais, morbleu ! personne n'est chez elle,
Pas le moindre laquais ; j'ai trouvé tout sorti,
Et je suis revenu comme j'étais parti.
Hier encore, hier, je courus comme un diable,
Secoué, cahoté dans un fiacre exécrable.
Au faubourg Saint-Marceau j'allai premièrement ;
Des Gobelins ensuite au faubourg Saint-Laurent ;
Du faubourg Saint-Laurent, sans presque prendre ha-
                                        [leine,
Au faubourg Saint-Antoine, et tout près de Vincenne ;
Du faubourg Saint-Antoine au faubourg Saint-Denis ;
Du faubourg Saint-Denis dans le Marais, et puis
En cinq heures de temps faisant toute la ville,
Je revins au Palais, et du Palais dans l'Isle ;
De là je vins tomber au faubourg Saint-Germain ;
Du faubourg Saint-Germain...

NÉRINE, l'interrompant avec volubilité.

J'ai couru ce matin,
Et de mon pied léger, jusqu'au bout de la rue :
De la rue au marché ; puis je suis revenue.
Il m'a fallu laver, frotter, ranger, plier ;
J'ai monté, descendu de la cave au grenier,
Du grenier à la cave, arpenté chaque étage.
J'ai tourné, tracassé, fini plus d'un ouvrage ;
Pour madame et pour moi fait chauffer un bouillon ;
J'ai plus de trente fois fait toute la maison,

Pendant qu'un cavalier, que Léandre on appelle,
A causé, babillé, jasé tant auprès d'elle,
Qu'elle en a la migraine, et que pour s'en guérir,
Tout à l'heure, monsieur, elle vient de sortir.

LÉANDRE.

Vous devenez, ma fille, un peu trop familière,
Et toutes ces façons ne me conviennent guère.
Si je ne respectais la maison où je suis,
Parbleu ! je saurais bien... Profitez de l'avis ;
Et, parlant à des gens qui passent votre sphère,
Songez à mieux répondre, ou plutôt à vous taire.

NÉRINE.

Le silence est un art difficile pour nous,
Et j'irai, pour l'apprendre, à l'école chez vous.

LÉANDRE.

A Clarice, tantôt, je dirai la manière
Dont tu reçois ici ceux qu'elle considère ;
Et tu devrais savoir qu'en la passe où je suis,
On doit me ménager, et qu'en un mot je puis
Faire de ta maîtresse une très-haute dame,
Et qu'aujourd'hui peut-être elle sera ma femme ;
Que je dois obtenir un important emploi,
Ayant avec honneur servi vingt ans le roi ;
Que Clarice aurait tort de préférer Valère,
Et qu'il est mon cadet de plus d'une manière ;
Qu'un homme comme moi trouve plus d'un parti ;
Que de Julie enfin je ne suis point haï.
Julie a du brillant et beaucoup de jeunesse :
Tu maîtresse a trente ans, et moins de gentillesse ;
Mais elle a des vertus dont je fais plus de cas,
Elle est sage, économe, et ne babille pas.

NÉRINE.

La déclaration est tout à fait nouvelle,
Et je vous dois, monsieur, remercier pour elle.

LÉANDRE.

Adieu. Je vais agir pour mon gouvernement.
Oh ! Valère en sera la dupe sûrement.
Mais je le vois qui vient.

NÉRINE.

Avec lui je vous laisse.

(Elle sort.)

LÉANDRE, à part.

Il m'aborde à regret, et son aspect me blesse.
Il n'est, pour se haïr, que d'être un peu parent.

SCÈNE IV

LÉANDRE, VALÈRE.

LÉANDRE.

Ah! vous voilà, monsieur ; j'en suis charmé, vraiment.
C'est peu que de vouloir m'enlever ma maîtresse ;
J'apprends que vous avez encor la hardiesse
De former des desseins sur le gouvernement
Qui, par la mort d'Enrique, est demeuré vacant,
Et que j'ai demandé pour prix de mon courage,
Sans respecter mes droits, mes services, mon âge.
Mais, mon petit cousin, je vous trouve plaisant,
D'oser, d'affecter d'être en tout mon concurrent.
Vous vous taisez ?

VALÈRE.

J'attends le moment favorable,
Et vous trouve, monsieur, parleur fort agréable.
Vous avez tort, pourtant de vous mettre en courroux ;
Vous savez que je suis officier comme vous.

LÉANDRE.

Officier comme moi ! Tu te moques : à d'autres !
Oses-tu comparer tes services aux nôtres ?
Dès l'âge de quinze ans j'ai porté le mousquet ;
Quand j'étais lieutenant, tu n'étais que cadet.
J'ai vu trente combats, vingt siéges, six batailles ;
J'ai brisé des remparts, j'ai forcé des murailles ;
J'ai plus de trente fois harangué nos soldats ;
Et, bourgeois, je me suis ennobli par mon bras.
Je n'oublierai jamais ma première campagne ;
Je crois que nous faisions la guerre en Allemagne.
Dans un détachement... c'était en sept cent trois,

A cinq heures du soir... quatorzième du mois...
L'affaire fut très-vive, et j'y fis des merveilles,
Alidor y laissa l'une de ses oreilles.
Il a joué depuis jusqu'à son régiment ;
Autrefois colonel, et commis à présent.
Connais-tu bien sa femme? elle est encor piquante :
J'étais hier chez elle, où j'entretins Dorante.
As-tu vu la maison qu'il a tout près de Caen ?
Elle est belle. Je vais ten faire ici le plan
En deux mots.

VALÈRE.

    Mais, monsieur, vous battez la campagne
Et vous êtes déjà bien loin de l'Allemagne.
Quant au gouvernement, le succès montrera
Si j'ai de bons amis.

LÉANDRE.

    Oh ! je t'arrête là.
Des amis, des patrons, j'en ai de toute espèce.
Fripons, honnêtes gens, tout pour moi s'intéresse.
Je fais agir sous main le chevalier Caquet,
Lisimon l'intrigant, et Damon le furet,
Qui se fourre partout, à l'Etat très-utile,
Officier à la cour, espion à la ville ;
Un jeune abbé qui fait et le bien et le mal,
Du sexe fort aimé. J'aurai par son canal
Une lettre aujourd'hui d'un certaine dame
Qui connaît le ministre, et peut tout sur son âme ;
Parente de Cloris : je ne dit pas son nom,
Il faut avoir en tout de la discrétion.
Chez elle, ce matin, sans plus longtemps remettre,
L'abbé doit me mener pour avoir cette lettre.

VALÈRE, à part.

Parente de Cloris! c'est Constance, ma foi !
Elle est fort mon amie, et fera tout pour moi.
Il m'a très à propos rappelé son idée ;
Il faut le prévenir.

LÉANDRE.

    La chose est décidée ;
Et quand même la cour, par un coup de bonheur,

De Quimper-Corentin vous ferait gouverneur,
Je n'en serais pas moins le mari de Clarice,
Car sa tante m'estime.

> VALÈRE.
>
> Elle vous rend justice.

Votre...

> LÉANDRE.
>
> Votre? Ecoutez, car je parle le mieux.

> VALÈRE.

Dites encor le plus.

> LÉANDRE.
>
> Tu n'es qu'un envieux :

N'ayant pas, comme moi, le don de la parole,
Ton cœur en est jaloux, et cela te désole.
De ma complexion je parle peu pourtant ;
Et si j'avais voulu mettre au jour mon talent,
Mieux que mon avocat j'aurais plaidé moi-même
Mes causes, quoiqu'il soit d'une éloquence extrême
Car il dit ce qu'il veut, il est orateur né.
Sur sa langue les mots s'arrangent à son gré ;
Sa volubilité, qui n'a point de pareille,
Est un torrent qui part et ravage l'oreille ;
Et je ne vois personne au Palais, aujourd'hui,
Qui parle plus longtemps ni plus vite que lui.

> VALÈRE.

Oh ! sur lui vous auriez remporté la victoire :
Je ne balance pas un moment à le croire.

> LÉANDRE.

En vain tu penses rire, en vain tu crois railler.
Sois instruit que tout cède au talent de parler,
Et sache qu'en amour, aussi bien qu'en affaire,
La langue fut toujours une arme nécessaire.
Par là l'on persuade et l'on se fait aimer ;
On méprise ces gens qui, lents à s'exprimer,
Hésitant sur un mot qui dans leur bouche expire,
Font souffrir l'auditeur de ce qu'ils veulent dire.

> VALÈRE.

Moi, je crois qu'en affaire, aussi bien qu'en amours,
Agir quand il le faut vaut mieux que les discours :

Le trop parler, monsieur, souvent nous est contraire.

LÉANDRE.

Vous jasez cependant plus qu'à votre ordinaire.
Pour moi, j'articulais mes mots avant le temps,
Et m'expliquais si bien à l'âge de trois ans,
Qu'entendant mes discours qui passaient ma portée,
Un jour, il m'en souvient, ma grand'mère enchantée
Me prit entre ses bras.

VALÈRE.

Quel est donc ce laquais ?

SCÈNE V

LÉANDRE, VALÈRE, LA FLEUR.

LA FLEUR, bas à Léandre.

Monsieur l'abbé m'envoie ; il vous attend.

LÉANDRE.

J'y vais.

(Continuant son discours.)

Puis me tint ce propos.

VALÈRE, bas.

Le voilà qui demeure.

LA FLEUR, revenant sur ses pas.

Monsieur, il va sortir ; dépêchez.

LÉANDRE.

Tout à l'heure.

(La Fleur s'en va.)

SCÈNE VI

LÉANDRE, VALÈRE.

LÉANDRE.

La bonne femme donc, j'ai son discours présent ;
Ce qu'on retient alors reste profondément :
C'est une cire molle où tout ce qu'on applique
S'écrit... Si, comme moi, vous saviez la physique,
Je vous mettrais au fait ; car j'ai beaucoup de goût,
Pour un homme de guerre, et sais un peu de tout.
J'aime les tourbillons, le sec et le liquide,

Des atômes...

VALÈRE, à part
Il va se perdre dans le vide.

LÉANDRE.
Le flux et le reflux exercent mon esprit ;
La matière subtile, elle me réjouit.
C'est une belle chose encore que l'histoire ;
Je la cite à propos, car j'ai de la mémoire,
Et n'ai rien oublié de tout ce que j'ai lu :
La bataille d'Arbelle, où César fut vaincu,
Et celle de Pharsale où périt Alexandre ;
Et Darius le Grand, qui mit Thebes en cendre...
Dans la vivacité je crois que je confonds.

VALÈRE.
Ma foi ! vous excellez pour les digressions,
Et j'admire votre art à changer de matières
Par des transitions insensibles, légrées.
Vous raisonnez de tout avec beaucoup d'esprit,
Et vous citez l'histoire en homme bien instruit.

LÉANDRE.
Il me brouille toujours.

SCÈNE VII

LÉANDRE, VALÈRE, NÉRINE.

NÉRINE.
Excusez, je vous prie :
Mais il entre, messieurs, nombreuse compagnie.
La tante de Clarice arrive maintenant:
Ismene l'accompagne ; Hortense au même instant
Rentre, et sa sœur la suit ; Doris avec Mélite
Vient d'un autre côté pour nous rendre visite.
(S'adressant à Léandre.)
Vous les entretiendrez, elles ne sont que six ;
Et ferez, s'il vous plaît, les honneurs du logis,
Monsieur, en attendant le retour de Clarice.

LÉANDRE.
Volontiers, je saisis l'occasion propice :

Je vole vers la tante et je cours l'embrasser,
Et lui donner la main. Je vous laisse y penser.
Adieu, monsieur.

SCÈNE VIII

VALÈRE, NÉRINE.

VALÈRE.
Que croire ?
NÉRINE.
Allez, quoi qu'il en dise,
Nous pourrons balancer le pouvoir de Céphise.
Monsieur, je vous protége, et cela vous suffit.
VALÈRE.
Et ta maîtresse ?
NÉRINE
Elle est pour vous, sans contred
Si le gouvernement...
VALÈRE.
Va, mon affaire est bonne,
Et je sors de ce pas pour voir une personne
Dont notre babillard m'a fait ressouvenir,
Et qui pour moi, je crois, pourra tout obtenir ;
Dans le temps que lui-même entretiendra ces dames,
Et qu'il va tenir tête au caquet de six femmes.
NÉRINE.
Rentrons, j'entends nos gens qui parlent en chorus.

SCÈNE IX

LÉANDRE, CÉPHISE, ISMÉNE, HORTENSE, DAPHNÉ, DORIS, MÉLITE

DORIS et MÉLITE, entrant les premières,
Nous nous rendons, madame, et ne disputons plus.
HORTENSE, à Céphise.
Je suis de la maison, point de cérémonie.

LÉANDRE, se plaçant au milieu.

Mesdames, vous voilà fort bonne compagnie :
Vous n'avez qu'à parler, je suis prêt d'écouter ;
Et de tous vos discours je m'en vais profiter.

DAPHNÉ.

Vous êtes aujourd'hui coiffée en miniature.

(Bas, à Hortense.)

Sa parure est risible autant que sa figure.

DORIS.

Je suis en négligé.

ISMENE.

J'aime cette façon.

CÉPHISE, avec poids et lenteur.

Elle vous sied.

LÉANDRE.

Cela vous donne un air fripon.

HORTENSE.

Je viens de rencontrer Lucile dans la rue,
Et je vous avouerai que je l'ai méconnue.

ISMENE.

Elle devient coquette en l'arrière saison.

MÉLITE.

Elle est toujours au bal, c'est là sa passion.

CÉPHISE.

Mais, à propos de bal, on m'a fait une histoire.

LÉANDRE.

Bon. Racontez-nous-la : plus qu'on ne sauroit croire
J'ai l'esprit curieux.

CÉPHISE.

Je vais vous la conter.

DORIS.

J'en sais une.

LÉANDRE.

Et moi deux.

CÉPHISE.

Voulez-vous m'écouter ?

DAPHNÉ.

Oh ! vous parlez si bien que je suis tout oreille.

(a part.)
Son ton de voix m'endort, et déjà je sommeille.
LÉANDRE.
Je ne dis rien.
ISMENE et DORIS.
   Paix.
LÉANDRE.
   Paix!
CÉPHISE, lentement.
                  Conduite par l'amour,
Certaine dame au bal se rendit l'autre jour.
LÉANDRE.
Au bal de l'Opéra.
CÉPHISE.
            Sans doute. Un mousquetaire
L'attirait en ces lieux.
LÉANDRE.
              En amour comme en guerre.
Ce sont de verts messieurs.
CÉPHISE.
               La dame en question,
Je ne la nomme point, et cela pour raison.
DORIS.
Je devine qui c'est.
LÉANDRE.
        C'est la jeune marquise.
ISMÉNE, à part.
Il va, par son babil, indisposer Céphise.
CÉPHISE.
Un instant; attendez: celle dont il s'agit
A près de soixante ans, à ce que l'on m'a dit.
LÉANDRE.
Oh! j'y suis pour le coup.
MÉLITE.
          Je sais aussi l'affaire.
LÉANDRE.
C'est Chloé.
CÉPHISE.
    Point du tout.

HORTENSE, à part.
L'étrange caractére.
MÉLITE.

C'est Clorinde.
LÉANDRE.
Ou Lucile.
CÉPHISE.
Eh ! d'un esprit moins prompt...
LÉANDRE.

Mais, sans vous interrompre.
CÉPHISE.
Encore il m'interrompt !
LÉANDRE.

Permettez-moi...
CÉPHISE.
Je prends le parti de me taire,
Puisqu'on n'écoute pas, qu'on me rompt en visière.
LÉANDRE.

Moi, madame? j'en suis incapable.
CÉPHISE.
Il suffit.
DORIS.

Pour bien faire, parlons tour à tour.
LÉANDRE.
C'est bien dit.

La conversation doit être générale.
MÉLITE.

Le moyen, si monsieur saisit toujours la balle ?
LÉANDRE.

Je n'ai pas entamé seulement un discours.
DAPHNÉ, bas à Léandre.

Allez, laissez-les dire, et poursuivez toujours.
DORIS.

Mesdames, irez-vous à la pièce nouvelle ?
LÉANDRE.

Le titre, s'il vous plaît ?
ISMÈNE.
Dit-on qu'elle soit belle ?

MÉLITE.

Le Babillard, monsieur.

LÉANDRE.

Oh ! je veux voir cela,
Et je ferai ce soir faux bond à l'Opéra.

CÉPHISE.

Pour moi, je ne saurais souffrir les comédies.

DORIS.

Je n'ai du goût aussi que pour les tragédies.

LÉANDRE.

Parbleu ! j'y veux mener le chevalier Caquet
Avec mon avocat, pour y voir leur portrait.
A ce théâtre-là pourtant je ne vais guère.

DAPHNÉ.

Je m'étonne, monsieur, qu'ayant tant de lumière...

LÉANDRE.

Je pourrais, il est vrai, passer pour connaisseur ;
Car je sais tout Pradon et Montfleury par cœur.
Autrefois j'ai joué dans les fureurs d'Oreste.
« Tiens, tiens, voilà le coup. »

MÉLITE.

Nous vous quittons du reste.

DORIS.

J'aime beaucoup la Foire.

LÉANDRE.

Oh ! j'y ris, sur ma foi,
Du meilleur de mon âme, et sans savoir pourquoi.
Madame, avez-vous vu l'animal remarquable
Qui tient du chat, du bœuf, presque au chameau sem-
[blable ?
Et le fameux Saxon n'est-il pas amusant ?
Polichinelle encore est fort divertissant.
Ma foi ! vive Paris ! c'est une grande ville.

MÉLITE.

On ne peut dire un mot qu'il n'en réponde mille.

CÉPHISE.

Il interrompt toujours.

DORIS.

Il fait tout l'entretien.

DAPHNÉ, bas à Léandre.

Ne vous relâchez pas.

LÉANDRE.

Je ne dirai plus rien.

CÉPHISE.

Pourriez-vous me donner des nouvelles d'Aminte ?

DORIS et MÉLITE.

Madame, elle est...

LÉANDRE.

Elle est mariée à Philinte.

CÉPHISE.

Il tient bien sa parole.

DORIS.

Celui-là est donc trop fort.

Mariée à Philinte !

MÉLITE.

Elle est veuve.

LÉANDRE.

J'ai tort.

DORIS.

Aminte est mon amie.

MÉLITE.

Et je suis sa voisine.

LÉANDRE.

Je lui tiens de plus près, car elle est ma cousine.

MÉLITE.

Elle n'est plus ici.

LÉANDRE.

Sans contestation.

DORIS, à Céphise.

Vous l'a-t-on dit ?

LÉANDRE.

Avec votre permission...

CÉPHISE.

Eh ! laissez donc parler.

DORIS.

Elle se remarie...

DAPHNÉ, à Léandre.

Défendez-vous.

LÉANDRE.
Un mot.
MÉLITE.
Elle est en Picardie...
LÉANDRE.
Oh! je suis son cousin...
DORIS.
Par le dernier courrier...
LÉANDRE.
Au troisieme degré.
MÉLITE.
Jusqu'au mois de janvier...
LÉANDRE.
Je sors d'un sang bourgeois.
DORIS.
Elle vient de m'écrire
MÉLITE.
Je dois...
LÉANDRE.
Et je me fais un honneur de le dire.
CÉPHISE.
Mais...
MÉLITE.
Dans ce pays-là comme j'ai quelques biens...
LÉANDRE.
Je le suis...
DORIS.
Elle épouse un conseiller d'Amiens...
MÉLITE.
Je dois aller bientôt...
LÉANDRE.
Du côté de ma mère.
DORIS.
C'est un riche parti...
MÉLITE.
Je pars avec mon frère...
CÉPHISE.
Mesdames...

LÉANDRE.

Il est sûr...

CÉPHISE.

Mais, monsieur...

DAPHNÈ, à Léandre.

Tenez bon.

LÉANDRE, MÉLITE, DORIS.

Madame...

DAPHNÉ, à Léandre.

Allons, poussez, car vous avez raison.

(Léandre, Mélite, Doris, Céphise et Ismène parlent ensemble.)

LÉANDRE.

On me conteste en vain ce que je certifie,
On ne m'apprendra pas ma généalogie.
Mieux qu'un autre, je crois, je dois en être instruit,
Puisque cent et cent fois mon père me l'a dit.

MÉLITE.

Comme je la connais dès la plus tendre enfance,
Qu'elle eut toujours en moi beaucoup de confiance
Ne pouvant me parler, elle m'écrit souvent,
Et je lui fais aussi réponse exactement.

DORIS.

A vous dire le vrai, la province m'ennuie,
Car je hais les façons et la tracasserie ;
Et si je n'espérais de bientôt revenir,
Je ne pourrais jamais me résoudre à partir.

CÉPHISE.

Il ne se vit jamais une chose semblable !
Il faut avoir l'esprit, l'humeur insupportable ;
Et c'est un procédé, monsieur, des plus choquants,
Que de fermer ainsi toujours la bouche aux gens.

ISMENE.

Je me joins à madame, et ne puis plus me taire
Sur vos façons d'agir, sur votre caractère.
J'en suis scandalisée, et par votre caquet
Vous détruisez, monsieur, tout ce que j'avais fait.

MÉLITE.

Si vous voulez mander...

DORIS.
Vous connaissez Chrisante.

LÉANDRE.
Quoi que vous en disiez, Aminte est ma parente,
Mesdames; car Aminte est fille de Damon,
Gentilhomme servant, et petit-fils d'Orgon :
Lequel Orgon était propre neveu d'Argante,
Célèbre partisan, et frère de Dorante :
Lequel Dorante avait en hymen clandestin
Epousé par amour Guillemette Patin :
Laquelle Guillemette était, ne vous déplaise,
Fille du second lit d'Angélique la Chaise :
Et laquelle Angélique...

(Il tousse.)

MELITE.
Oh! laquelle, lequel,
Je n'y puis plus tenir.

(Elle sort.)

SCÈNE X

LÉANDRE, CÉPHISE, ISMENE, DORIS,
DAPHNÉ, HORTENSE.

LÉANDRE, continuant son discours.
Du côté paternel,
Si j'ai bonne mémoire, était sœur d'Hippolyte.

(Il crache.)

DORIS, bas, en s'en allant.
Qu'une nazarde... Mais il vaut mieux que je quitte.

SCÈNE XI

LÉANDRE, CÉPHISE, ISMÉNE, HORTENSE,
DAPHNÉ.

LÉANDRE, poursuivant toujours
Et ladite Hippolyte était sœur, d'autre part,
De l'avocat Martin, dit Babille ou Braillard,

Qui mourut en parlant. Ledit Martin Babille
Etait mon trisaïeul.

ISABELLE

HORTENSE.
C'est un mal de famille.

Fuyons ; sauve qui peut.

(Elle s'en va.)

SCÈNE XII

LÉANDRE, CÉPHISE, ISMÈNE, DAPHNÉ.

LÉANDRE, reprenant son discours.

J'ai son portrait chez moi,
Et lui ressemble fort. On voit par là, je crois,
Qu'Aminte... Attendez donc, j'oubliais de vous dire
Que ce fameux Martin sortait d'une Delphire ;
Laquelle descendait du vicomte de Querre,
Bas-Breton de naissance, et seigneur de Quimper ;
Ce vicomte de Querre, remarquez bien de grâce...

(Il éternue.)

ISMÈNE, bas.
Que monsieur est un sot. J'abandonne la place.

(Elle sort en colère.]

SCÈNE XIII

LÉANDRE, CÉPHISE, DAPHNÉ.

LÉANDRE, continuant toujours.
Fut grand homme de guerre, et de mestre de camp,
Donna dans le commerce et devint trafiquant.
Or donc, pour revenir, pour être laconique,
Martin Braillard Babille était oncle d'Enrique,
Major et gouverneur de Quimpercorentin,
Je dois avoir sa place, et le dis à dessein.
Enrique donc, neveu de Martin...

(Il se mouche.)

CÉPHISE.
Ah ! j'expire.

J'étouffe, et je m'en vais.

(Elle sort.)

DAPHNÉ.
Moi, je crève de rire.
(Elle suit Céphise.)

SCÈNE XIV

LÉANDRE, poursuivant seul.

Hérita de ses biens; car ce Martin Braillard
N'avait, à son décès, laissé qu'un fils bâtard,
Mort depuis en Espagne; et pour toute famille,
De son épouse Alix n'avait eu qu'une fille,
Trépassée, enterrée un an avant sa mort,
Qui promettait beaucoup, et qu'il chérissait fort.

SCÈNE XV

LÉANDRE, NÉRINE, qui vient se mettre derrière lui pour
l'écouter.

LÉANDRE, sans apercevoir Nérine.
Enrique combattit et sur mer et sur terre,
Et laissa les trois quarts de son corps à la guerre;
Car il perdit un œil à Gand, le fait est sûr,
La cuisse droite à Mons, le bras gauche à Namur.
Il n'aimait pas le vin et haïssait les femmes :
Je le dis à regret, excusez-moi, mesdames,
De vous fâcher en rien...
NÉRINE, derrière la chaise.
Vous êtes bien poli.
LÉANDRE.
Ah! Nérine, c'est toi. Mais je suis seul ici :
Je m'en serais douté. Peste soit des femelles!
Dans tous leurs entretiens elles sont éternelles;
Veulent parler, parler, et n'écouter jamais.
Ces bavardes, surtout, bon Dieu! que je les hais!
Le talent le plus rare et le plus nécessaire,
Surtout dans une femme, est celui de se taire.

NÉRINE.

Ah! monsieur, quel exploit! Avoir ainsi défait,
Su vaincre, surpasser en babil, en caquet,
Six femmes à la fois, et leur donner la fuite!
Quelles femmes encor! la braillarde Mélite,
L'éternelle Céphise et la rogue Doris,
Causeuses par état, s'il en est dans Paris.
Après être sorti vainqueur de cette affaire,
Qui peut vous refuser le surnom de commère?

LÉANDRE.

Voyez la médisance. A peine ai-je eu le temps
De dire quatre mots, de desserrer les dents.
Mais je sors.

NÉRINE.

Attendez, voici certaine lettre
Qu'on vient de me donner, monsieur, pour vous
[remettre.

LÉANDRE.

Elle vient de l'abbé; voyons ce qu'elle dit.

(Il lit tout haut.)

« Comme on ne saurait vous parler, monsieur, je
« prends le parti de vous écrire. Vous venez d'échouer
« dans l'affaire en question, pour avoir trop parlé et
« n'avoir pas assez agi, et faute de vous être rendu
« chez moi quand je vous ai envoyé mon laquais.
« Vous n'en sauriez douter, puisque Valère vient d'ob-
« tenir le gouvernement par l'entremise de la personne
« chez qui je devais vous mener ce matin. »

L'abbé BRIFFART.

NÉRINE.

J'approuve cette lettre, et c'est fort bien écrit.

LÉANDRE.

L'injustice est criante, et je devais peu craindre...
Mais j'aurai le plaisir d'aller partout m'en plaindre;
Et Clarice vaut mieux que cent gouvernements.

SCÈNE XVI

LÉANDRE, VALÈRE, CÉPHISE, CLARICE, NÉRINE.

CÉPHISE, parlant à Valère.

Vous saurez devant lui quels sont mes sentiments
Et je vais m'expliquer sans tarder davantage.

LÉANDRE.

Madame, en ce moment j'attends votre suffrage.

NÉRINE, à Céphise.

De Quimper-Corentin Valère est gouverneur.

CÉPHISE, s'adressant à Valère.

Je viens d'en être instruite, et fais choix de monsieur.

LÉANDRE.

Contre les sentiments que vous faisiez paraître?...

CÉPHISE.

Je n'avais pas alors l'honneur de vous connaître,
Et je ne savais pas que vous étiez enfin
Arrière petit-fils du célèbre Martin.

VALÈRE.

Vous serez de ma noce.

CLARICE.

Ami, maîtresse, affaire.
Vous perdez tout, monsieur, pour n'avoir su vous taire.

NÉRINE.

Monsieur le gouverneur, je vous baise les mains.

LÉANDRE.

Je n'ai rien à répondre à ces discours malins;
Mais, pour me consoler de ce qui les fait rire,
Allons chercher quelqu'un à qui pouvoir le dire.

(Au parterre en revenant sur ses pas.)

Messieurs, un mot avant que de sortir;
Je serai court, contre mon ordinaire.
Si, par bonheur, j'ai pu vous divertir,

Si mon babil a su vous plaire,
Daignez le témoigner tout haut.
Si je vous déplais, au contraire,
Retirez-vous sans dire mot,
N'imitez pas mon caractère.

FIN

LE
MÉDECIN PAR OCCASION

¡PERSONNAGES

MONTVAL, officier.
LE BARON.
LA MARQUISE, sa sœur.
LUCILE, fille du baron.

CLÉON, vieux garçon, ami du baron.
LISETTE, suivante de Lucile.
CHAMPAGNE, valet de Montval.

(La scène est en Champagne, dans un château, chez le baron.)

ACTE PREMIER

SCÈNE I. — CHAMPAGNE.

Sous ce déguisement, en personne discrète,
Glissons-nous dans la place, et parlons à Lisette.
Mon apparition vraiment la surprendra.
Elle me croit défunt ; ses yeux... Mais la voilà.

SCÈNE II. — CHAMPAGNE, LISETTE.

LISETTE.
Dites-moi, s'il vous plaît, mon ami, qui vous êtes,
Pour entrer librement ici comme vous faites.
CHAMPAGNE.
Ce droit-là m'est acquis : je vends, sous le manteau,
Tout ce qui dans Paris s'imprime de nouveau.
Je sais qu'à la campagne on en est très avide
Pour combattre l'ennui qui souvent y réside.
Je vais de bourg en bourg, tout en me promenant,

Moins pour mon intérêt que pour l'amusement
Des gens d'esprit qui sont éloignés de la ville;
Toujours, à juste prix, j'aime à leur être utile.

LISETTE.

(A part)

Rien n'est plus obligeant. Plus je le vois de près,
Et plus ce drôle-là me rappelle les traits...

CHAMPAGNE.

Tout bas que dites-vous?

LISETTE.

Ma surprise est extrême :
C'est la voix de Champagne!

CHAMPAGNE.

Et c'est aussi lui-même.

LISETTE.

Tu n'es donc pas mort?

CHAMPAGNE.

Non, puisque je suis ici.
Je dois en être cru, quand je te parle ainsi.
Je reviens tout exprès pour essuyer tes larmes.
J'ai quitté sans retour le tumulte des armes
Pour prendre le parti des belles-lettres.

LISETTE.

Toi!

CHAMPAGNE.

J'ai l'honneur d'y tenir par mon illustre emploi.

LISETTE.

Oui, comme le souffleur tient à la comédie.

CHAMPAGNE.

Mon cher maître, en mourant, m'a légué son génie,
En dépit des Pandours.

LISETTE.

Ils l'ont donc égorgé?

CHAMPAGNE.

J'ai trompé seul leur rage, et ne l'ai point vengé.

LISETTE.

Jeune, plein de mérite, il est bien regrettable.
Lucile, qui l'adore, en est inconsolable.
Elle est, depuis six mois qu'elle le sait péri,

Occupée à pleurer cet amant si chéri.
La douleur qui l'accable est d'autant plus cruelle,
Que son secret n'est su que de moi seule et d'elle.

CHAMPAGNE.

Je la plains.

LISETTE.

Ce trépas entraînera le sien.
L'amour que j'ai pour elle est l'unique lien
Qui peut me retenir dans cette solitude :
Je lui préférerais le couvent le plus rude.
On rit, on voit du moins des hommes au parloir ;
Mais tout est morne ici du matin jusqu'au soir.
Ses parents, en un mot, deviennent si bizarres,
Que j'aimerais autant servir chez les Tartares.
Sa tante, qui s'écoute, est malade en santé.
Elle ressent toujours quelque incommodité.
Aujourd'huit, c'est la tête, et demain, la poitrine.
Mais son mal est au fond l'ennui qui la domine.
Elle hait la campagne et chérit le plaisir.

CHAMPAGNE.

Son père ?

LISETTE.

C'est un homme étrange à définir.
Il était autrefois prévenant, doux, affable ;
Il est présentement noir, brusque, inabordable ;
Je ne sais quel démon lui travaille l'esprit ;
Mais, depuis quatre mois, tous les jours il maigrit.
Sa sœur n'y conçoit rien, et du mal qui le mine
Les médecins eux-même ignorent l'origine.
Il est vrai qu'en province ils sont très-ignorants ;
Et madame, tout haut, s'en plaint depuis longtemps.
Vive ceux de Paris, dont je l'entends sans cesse
Vanter le grand savoir avec la politesse.

CHAMPAGNE.

Oui, vraiment, ces messieurs sont jolis maintenant ;
S'ils dépêchent le monde, oh ! c'est en badinant.
Je ne m'étonne plus que tout Paris en use :
Leur art tue, il est vrai ; mais leur jargon amuse.
J'entrevois cependant, sans être médecin,

Ce qui peut de ton maître exciter le chagrin.
Plusieurs procès perdus ont épuisé sa bourse ;
Et voilà de son mal la véritable source.

LISETTE.

En ce cas son état n'est pas désespéré.
Par son ami Cléon il sera réparé.
Aux Indes il a fait une fortune immense :
Il est même en chemin pour revenir en France.

CHAMPAGNE.

J'entends du bruit, on ouvre, et j'en frémis d'effroi !

LISETTE.

Ah ! c'est monsieur qui vient; j'en tremble plus que toi.

CAMPAGNE.

Où me cacher ? Où fuir ?

LISETTE.

Je ne sais ; je suis morte.
De sa chambre aujourd'hui pourquoi faut-il qu'il sorte !

SCÈNE III. — LE BARON, LISETTE,
CHAMPAGNE.

LE BARON, au fond du théâtre.

Oui, ma sœur a raison, c'est trop vivre enterré ;
La solitude aigrit le mal qui me consume.

LISETTE.

Mais son regard n'est pas si noir que de coutume.

LE BARON.

La lecture des vers ne sert qu'à le nourrir.
Evitons désormais ce dangereux plaisir,
Et partons pour la chasse, afin de me distraire ;
Profitons du beau jour.

LISETTE.

Il ne saurait mieux faire.

LE BARON.

Allons.

CHAMPAGNE.

Ah ! plût au ciel, y fusses-tu déjà !

LE BARON, apercevant Champagne.

Que demande cet homme à qui tu parles là ?
A quel titre chez moi vient-il de s'introduire ?

CHAMPAGNE.

Le désir de vous plaire est le seul qui m'attire.
Si des écrits du temps vous êtes amateur,
Monsieur, j'en suis fourni.

LE BARON.

Vous êtes colporteur ?

CHAMPAGNE.

J'ai cette gloire-là.

LE BARON.

Vous osez me le dire.

CHAMPAGNE.

Je croyais que les vers...

LE BARON.

Non ; je n'en veux plus lire.

CHAMPAGNE.

J'en ai pourtant de beaux et qu'on approuve fort.

LE BARON.

Ce drôle est séduisant !

CHAMPAGNE.

Pour commencer d'abord,
Voulez-vous du permis ?

LE BARON.

Oui ; lui seul peut me plaire.
L'esprit qui fait rougir excite ma colère.

CHAMPAGNE.

J'ai là de quoi choisir.

LE BARON.

Je cède malgré moi.
Montrez-moi tous les vers qu'on a faits pour le roi.

CHAMPAGNE.

Monsieur, voici du tout un volume très-ample.

LE BARON.

Grand Dieu ! quelle brochure ! Ah ! plus je la contemple,
Plus j'admire en secret son énorme grosseur.

CHAMPAGNE.

On doit la respecter, c'est l'ouvrage du cœur.

LISETTE.

Ainsi que vous, monsieur, je demeure étonnée.

CHAMPAGNE.
Ce ne sont là pourtant que les vers de l'année.

LISETTE.
Comme ils ont donné !

LE BARON.
Trop.

LISETTE.
Ils sont comme les vins ;
Plus ils sont abondants, monsieur, moins ils sont fins.

CHAMPAGNE.
Oh ! la fécondité toujours est un mérite.

LE BARON.
C'est plutôt dans les vers un défaut qui m'irrite.

LISETTE.
Dès qu'ils parlent du roi, je les trouve tous bons.

CHAMPAGNE.
Dans nos rimeurs français ils prouvent dans le fonds
L'abondance du zèle.

LE BARON.
Ou plutôt leur disette.
Tout le monde est auteur, personne n'est poëte.
Et je voudrais, morbleu, qu'un édit dans Paris
Eût arrêté d'abord ce déluge d'écrits.
(A part.)
J'en parle par dépit, et j'en crève de rage.

CHAMPAGNE.
La rigueur est trop grande.

LE BARON.
Elle est juste, elle est sage.

CHAMPAGNE.
Monsieur...

LE BARON.
Retirez-vous avec votre recueil.
De ma porte jamais ne regardez le seuil.
(A part.)
Avec plus de fureur mon chagrin se rallume...

CHAMPAGNE, à part.
Il est fou...

LE BARON.
Revenez. Le prix de ce volume ?

CHAMPAGNE.
Six francs, monsieur.

LE BARON.
Donnez, puisqu'il faut tout avoir:
Je l'achète six fois plus qu'il ne peut valoir.
Rentrons vite. Je brûle et frémis de le lire.

LISETTE.
Le voilà retombé dans son premier délire.

SCÈNE IV. — LE BARON, LA MARQUISE,
CHAMPAGNE, LISETTE.

LA MARQUISE.
Tout est prêt pour la chasse ; il est temps de partir.

LE BARON.
Non, je rentre chez moi pour ne plus en sortir.

LA MARQUISE.
D'où naît ce changement?

LE BARON.
Je ne rends point de compte.

LA MARQUISE.
Mais c'est pour redoubler l'ennui qui vous surmonte.
Votre sœur est en droit de vous représenter...

LE BARON.
Adieu. Tous les discours ne font que m'irriter;
Et quiconque viendra, je n'y suis pour personne.
Tout le monde est compris dans l'ordre que je donne.

SCÈNE V. — LA MARQUISE, LISETTE,
CHAMPAGNE, caché.

LA MARQUISE.
Je ne puis rien comprendre à ce mal singulier.
Je ne sais plus enfin quel remède essayer.
Si j'étais à Paris, je serais à la source ;
Mais, dans ce lieu désert, je n'ai nulle ressource.
Il était cependant plus calme ce matin.
Parle, qui peut avoir réveillé son chagrin ?

Le sais-tu ?

LISETTE.

Comme vous, madame, je l'ignore.

LA MARQUISE.

Pour surcroît de douleur, pour m'accabler encore,
Ma nièce est languissante, et cache aussi son mal.
Tout sert à m'affliger, Lisette, en général.
Ma santé s'affaiblit presque à chaque quart d'heure ;
Pour peu que cela dure, il faudra que j'en meure.
Quand on a le cœur bon, qu'on a des sentiments,
Le mal d'autrui nous tue ; on ne vit pas longtemps.

LISETTE.

Parlez-moi des gens durs, il faut qu'on les assomme.
Vous avez, par malheur, l'âme d'un honnête homme.
Le retour de Cléon vous guérira tous trois.

LA MARQUISE.

Qu'il tarde à revenir ! Tu sais depuis un mois
Que je l'attends, Lisette, avec impatience.
J'ai mis dans son appui toute ma confiance.

LISETTE.

Le chemin de la mer n'est pas toujours aisé.

LA MARQUILE.

Lucile cette nuit a-t-elle reposé ?

LISETTE.

Point du tout : nous avons pleuré de compagnie.
Longtemps après l'aurore elle s'est assoupie.

LA MARQUISE.

J'ai trois maux à la fois ; ses tourments inconnus,
(Elle tousse.)
Le chagrin du baron, et ma toux par-dessus.
N'as-tu pas pénétré le sujet de sa peine ?

LISETTE.

Jusqu'ici ma recherche a toujours été vaine.

LA MARQUISE.

Je voudrais le savoir pour y remédier.
Près d'elle, de ce pas, je vais tout employer.
Mon amour tour à tour va du père à la fille ;
Et, sans l'être, je sens en mère de famille.

(Elle s'en va.)

SCÈNE VI. — CHAMPAGNE, LISETTE.

CHAMPAGNE.

Nous pouvons à présent sortir de notre coin.
Ton maître extravigant, que j'aime à voir de loin,
Fait bien de s'enfermer, il mérite de l'être.
Quel diable de travers ! on n'y peut rien connaître.
Passe encor pour la tante, elle a le cœur fort bon,
Et même de l'esprit au défaut de raison.

LISETTE.

Elle est folle parfois; mais, lorsqu'elle s'égare,
Elle a, dans une femme, une qualité rare :
C'est de l'apercevoir, d'en convenir d'abord,
Et, dans le même temps, de réparer son tort.

CHAMPAGNE.

Il est grand, il est beau de manquer de la sorte.
Ne s'écarter jamais est d'une âme moins forte.

LISETTE.

On pourrait te surprendre. Adieu, retire-toi.
Tu n'as plus rien à dire ?

CHAMPAGNE, l'arrêtant.

Attends, pardonne-moi.
Il faut auparavant que je te désabuse.
Mon récit était faux; je te demande excuse.
Mon maître n'est pas mort.

LISETTE.

Pourquoi me l'avoir dit?

CHAMPAGNE.

C'est par son ordre exprès, pour être mieux instruit,
Pour voir si sa mémoire à Lucile était chère,
Et s'il était pleuré d'une façon sincère.

LISETTE.

Tu n'en dois plus douter présentement.

CHAMPAGNE.

D'accord.
Aussi vais-je te faire un fidèle rapport.
Dans un détachement, monsieur lit des merveilles.
Moi-même à deux gonjats j'ai coupé les oreilles.
Tout pliait devant nous, lorsqu'un revers fatal

Renversa, par malheur, mon maître de cheval.
L'ennemi, sans vouloir disputer la victoire,
Se saisit du butin et nous laissa la gloire.
Nous revenons vainqueurs, mais pâles et défaits;
Toujours plus amoureux et plus gueux que jamais.

LISETTE.

Pour ma chère maîtresse, ah ! la bonne nouvelle !
Quelle sera sa joie ! elle serait mortelle,
Si je l'en instruisais sans nul ménagement.
Je la dois à ce coup préparer sagement.
Mais, parle, en quel endroit as-tu laissé ton maître ?

CHAMPAGNE.

Dans la forêt voisine. Avant que de paraître,
Il détache les siens, en chef judicieux.
Je suis venu pour lui reconnaître les lieux :
Pour tromper les regards j'ai pris cet équipage.

LISETTE.

Tu t'acquittes fort bien d'un pareil personnage.

CHAMPAGNE.

Mais je n'y suis pas neuf, et j'ai servi deux ans
Un libraire chez qui j'ai poli mes talents.
Ils ont avec succès paru même au spectacle,
Où j'ai crié souvent. *Zaïre, Inès, l'Oracle.*
Mon capitaine après a broché sur le tout.
Il fait des vers lui-même, et m'a formé le goût.
De son bonheur présent je cours vite l'instruire,

LISETTE.

Attends : mon embarras est comment l'introduire.
Je voudrais réussir sans que l'on en sût rien.
Tout bien examiné, je n'y vois qu'un moyen.
Il a beaucoup d'esprit ; et je suis informée
Qu'il sait infiniment pour un homme d'armée.

CHAMPAGNE.

Il est riche en mérite, en science, en talent ;
Bref, nous avons de tout, excepté de l'argent.

LISETTE.

Je vais dire à madame, elle y sera trompée,
Qu'il est un médecin de Paris.

CHAMPAGNE.
Et d'épée.

LISETTE.
Ils peuvent la porter en campagne.

CHAMPAGNE.
A la cour,
A la ville, plus d'un l'arbore chaque jour :
Il est même par là digne qu'on le préfère.
On meurt avec honneur des mains d'un militaire,

LISETTE.
Ton maître, sous ce nom, sera reçu des mieux :
Tout le monde a besoin de son aide en ces lieux.
La tante est vaporeuse, et le père hypocondre :
Pour le mal de la fille, oh ! j'ose bien répondre
Que personne ne peut le guérir mieux que lui.
Il n'a qu'à se montrer devant elle aujourd'hui,
Il sera dissipé par sa seule présence.
Ce coup établira d'abord la confiance.
C'est le grand point ; tous deux se verront sans danger.
Son amour, à loisir, pourra tout ménager.
Ses traits sont inconnus à toute la famille ;
Et, par un grand bonheur, il n'a vu que la fille,
Quand j'étais avec elle en un cloître éloigné.

CHAMPAGNE.
Je l'ai, dans ce couvent, vingt fois accompagné.

LISETTE.
Je vais pour un docteur l'annoncer à madame,
Et de Lucile après je disposerai l'âme.

CHAMPAGNE.
Sa tante a donc beaucoup d'autorité céans ?

LISETTE.
Oui, vraiment ; la marquise est veuve et sans enfants.
C'est elle qui soutient la maison de son frère,
Et que ton maître ici doit gagner la première.
Va, cours le prévenir sur son emploi nouveau.

(Elle rentre.)

SCÈNE VII. — CHAMPAGNE.

Nous serons installés bientôt dans ce château.

Quand un amant est pauvre, il a besoin de ruse :
L'esprit est sa ressource, et l'amour son excuse.

ACTE DEUXIÈME

SCÈNE I. — MONTVAL, CHAMPAGNE.

MONTVAL.
Jamais valet ne fut plus impatientant.
CHAMPAGNE.
Que votre amour est prompt !
MONTVAL.
Et que ton zèle est lent !
Si je n'étais venu, tu m'aurais fait attendre
Jusqu'au soir dans le bois.
CHAMPAGNE.
Avant que de m'y rendre,
J'ai cru, pour vous servir, devoir m'instruire au long.
MONTVAL.
Eh bien ! parle : as-tu vu Lisette ? Réponds donc.
CHAMPAGNE.
Oui ; c'est elle qui m'a retenu plus d'une heure.
MONTVAL.
Que fait Lucile ? dis.
CHAMPAGNE.
Nuit et jour elle pleure,
Depuis qu'elle vous croit descendu chez les morts.
MONTVAL.
Je ne puis à ces mots retenir mes transports.
Le bruit de mon trépas est payé de ses larmes !
Que ce discours, Champagne, est pour moi plein de
Regretté de Lucile, honoré de ses pleurs ! [charmes !
Ah ! j'oublie, ou plutôt je bénis mes malheurs ;
Et je cours...

CHAMPAGNE.
Modérez cette ardeur trop bouillante
A sa tante, avant tout, il faut qu'on vous présente,
Décoré, qui plus est, du nom de médecin.

MONTVAL.
Tu te moques de moi.

CHAMPAGNE.
Non : rien n'est plus certain.
Ce n'est qu'à la faveur de ce nom respectable
Que vous pouvez entrer dans ce fort redoutable,
Et tromper les regards des parents soupçonneux.
Un amant sans fortune est un monstre pour eux.
Son mérite ne sert qu'à redoubler leur crainte.

MONTVAL.
Je ne puis me résoudre à cette indigne feinte ;
Et ma délicatesse...

CHAMPAGNE.
Oh ! pour la ménager
Prenez la qualité d'un illustre étranger,
Qui, pour son plaisir seul, et par goût pour la France,
Exerce dans Paris cette utile science.
Cela vous donnera, monsieur, un grand vernis,
Et vous ne pouvez voir Lucile qu'à ce prix.

MONTVAL.
Il faut donc, malgré moi, vaincre ma répugnance.

CHAMPAGNE.
Préparez-vous ; voilà sa tante qui s'avance.
Lisette la conduit.

MONTVAL.
Je tremble à son aspect.

CHAMPAGNE.
Cachez une frayeur qui vous rendrait suspect.
Prenez du médecin le front inaltérable.

SCÈNE II. — MONTVAL, LA MARQUISE,
CHAMPAGNE, LISETTE.

LISETTE, montrant Montval.
Madame, le voilà.

LA MARQUISE.

Lisette, il est aimable ;
Et l'œil en sa faveur est d'abord prévenu :
Mais il a l'air bien jeune.

LISETTE.

Il en est plus couru.

LA MARQUISE, à Montval.

Monsieur est de Paris ?

MONTVAL.

Non, madame.

CHAMPAGNE.

Mon maî're
Est un noble prussien, et Berlin l'a vu naître ;
Mais il aime Paris par inclination,
Et parle bon français. Sa réputation
S'établit tous les jours, surtout parmi les femmes.
On l'appelle à la cour le médecin des dames.

MONTVAL.

Je n'exerce cet art que dans un cas pressant.

CHAMPAGNE.

Il guérit sans remède.

LISETTE.

Et sans prendre d'argent.

CHAMPAGNE, bas à Lisette.

Cet article est de trop. Nous n'avons pas le double.

LA MARQUISE.

C'est agir noblement. Mon estime redouble.
J'attends tout de votre art, et j'implore vos soins ;
Mais je vous veux, monsieur, consulter sans témoins,

MONTVAL, à Champagne.

Passez dans l'antichambre.

LA MARQUISE.

Eloignez-vous, Lisette.

(Lisette et Champagne sortent.)

SCÈNE III. — MONTVAL, LA MARQUISE.

LA MARQUISE.

Rien n'est égal, monsieur, à ma peine secrète.

MONTVAL.

Madame me paraît délicate à l'excès.

LA MARQUISE.

Oui, je le suis au point qu'on ne le fut jamais.
Car un rien m'incommode ; et, deux fois la semaine,
J'ai, sans compter ma toux, une horrible migraine,
Et des maux d'estomac qui m'attaquent le cœur.
L'anéantissement succède à la douleur.
Je suis dans des états si fâcheux et si rudes,
Des malaises si grands, et des inquiétudes !
Oh ! pour les concevoir, il faut les ressentir ;
Et ce sont de ces maux qu'on ne peut définir.

MONTVAL.

Le vôtre tient beaucoup de la vapeur, madame,
Quand ce poison subtil s'est glissé dans une âme,
La dissipation peut seule l'en ôter.
Tous les autres secours ne font que l'irriter.
Quels sont vos goûts? le jeu, les fêtes, la musique?

LA MARQUISE.

Oui.

MONTVAL.

Suivez tour à tour le plaisir qui vous pique.
N'en épuisez aucun, mais effleurez-les tous.

LA MARQUISE.

Avec un médecin aussi charmant que vous,
On est flatté, monsieur, ravi d'être malade.

MONTVAL.

Sans doute vous aimez aussi la promenade?

LA MARQUISE.

Fort, quand le jour est beau, que le monde est brillant.

MONTVAL.

La danse ?

LA MARQUISE.

A la fureur.

MONTVAL.

La table?

LA MARQUISE.

Infiniment.

MONTVAL.

Le spectacle?

LA MARQUISE.

Beaucoup ; surtout la tragédie.

MONTVAL.

Volez vite à Paris, et vous serez guérie :
Son séjour est pour vous une nécessité ;
Ses plaisirs variés vous rendront la santé,
Pourvu qu'incessamment l'un à l'autre succède.

LA MARQUISE.

Ah ! monsieur, je le sens, il n'est que ce remède ;
Et personne, avant vous, n'avait connu mon mal.
L'air de Paris, pour moi, vaut mieux que l'air natal.
Que ne puis-je demain suivre votre ordonnance !
Mais un destin fatal fixe ici ma présence.
J'aime beaucoup mon frère, et ma nièce encor plus.
Par leur état présent mes pas sont retenus.
Tous deux sont consumés d'une langueur obscure.
On en peut d'autant moins pénétrer la nature,
Qu'ils ne rompent jamais un silence fatal.

MONTVAL.

Mais leur tristesse a-t-elle un caractère égal ?

LA MARQUISE.

Non : elle est différente autant qu'elle est profonde.
La douleur de mon frère est noire, et toujours gronde.
Le chagrin de ma nièce est plus attendrissant ;
S'il éclate à nos yeux, ce n'est qu'en gémissant.
Dans son abattement, elle a même des charmes ;
On se sent jusqu'au cœur pénétré de ses larmes.

MONTVAL.

Le seul récit, sur moi, produit le même effet.
J'ai peine à retenir les miennes en secret.
J'ai, quoique médecin, l'âme infiniment tendre.
Mais pour vous consoler, je veux bien vous apprendre
Que déjà je démêle et suis prêt à saisir
La cause de son mal.

LA MARQUISE.

Pourriez-vous l'en guérir?

MONTVAL.

J'y compte ; je puis même en faire la promesse,
Pourvu que vos bontés secondent mon adresse.
Madame, c'est de là que dépend le succès :
Me le promettez-vous ?

LA MARQUISE.

Oui, je vous le promets.

MONTVAL.

Je n'en réponds, au moins, que sur votre parole :
Tenez-la bien, mon art ne sera pas frivole.

LA MARQUISE.

Je donnerais mon sang pour conserver ses jours.
Parlez. Que faut-il faire, et quel est le secours ?

MONTVAL.

Madame, il n'est pas temps encor de vous le dire ;
Je dois auparavant la voir seule et m'instruire.
Par ses propres discours, si j'ai bien rencontré ;
Par ses regards encor je veux être éclairé ;
Et pour rendre aujourd'hui sa guérison plus sûre
Je veux sur sa présence asseoir ma conjecture.

LA MARQUISE.

Je vous ménagerai près d'elle un entretien.
Et mon frère, monsieur, vous ne m'en dites rien ?
Ce silence m'alarme et fait mourir ma joie.

MONTVAL.

Pour en raisonner juste il faut que je le voie.

LA MARQUISE.

C'est la difficulté. Sa chambre est comme un fort
Qu'on ne peut pénétrer par art, ni par effort.
Vous êtes étranger : sur ce titre peut-être
Il sera moins sauvage et voudra vous connaître.
Il a beaucoup d'égards à cette qualité ;
Tout ce qui vient de loin est par lui respecté :
Ce passeport lui seul peut vous ouvrir sa porte.

MONTVAL.

Que fait-il donc tout seul, renfermé de la sorte ?

LA MARQUISE.

Mais, les trois quarts du temps, il lit ; dans ses accès
Il brouille du papier qu'il met en pièce après.

Tantôt il est plongé dans une léthargie ;
Et tantôt on dirait qu'il entre en frénésie.
Il menace tout haut ; puis, tout bas, il se plaint.

MONTVAL.

A juger par ces traits, je le croirais atteint
D'un mal contagieux qui court fort cette année.
Si chez lui cette fièvre est bien enracinée,
Je la tiens incurable.

LA MARQUISE.

Ah ! que dites-vous là !

MONTVAL.

Soyez moins alarmée. On vit avec cela.
Ce poison répandu vient de la capitale.

LA MARQUISE.

Et comment nommez-vous cette fièvre fatale ?

MONTVAL.

C'est la métromanie.

LA MARQUISE.

Ah ! quel nom effrayant !
Il me fait frissonner.

MONTVAL.

On l'appelle, autrement,
La fureur de rimer, dont la France est saisie.
Depuis sept ou huit mois tout Paris versifie.

LA MARQUISE.

Ce n'est pas là son mal. J'aurais moins de frayeur.

MONTVAL.

N'a-t-il pas pour les vers une certaine ardeur ?

LA MARQUISE.

Oui ; mais s'il en faisait, j'en saurais quelque chose ;
Et je n'ai jamais vu de lui ni vers, ni prose.
Un auteur se trahit. S'il travaille en secret,
Il lit l'ouvrage au moins à quelque ami discret.
Mais, pour mon frère, il garde un silence modeste.

MONTVAL.

Qu'est-ce donc qu'il écrit ?

LA MARQUISE.

Je ne sais : rien ne reste,
Nul vestige, nul trait de ce qu'il fait chez lui.

Plus que ma nièce encore il m'étonne aujourd'hui.
Arrachez l'un et l'autre à leur mélancolie :
Une sœur, une tante ici vous en supplie.
C'est à leur salut seul que j'attache le mien ;
Dès qu'ils seront guéris je me porterai bien.

SCÈNE IV. — LA MARQUISE, MONTVAL,
LISETTE.

LISETTE.

Madame, en ce moment, grande, grandenouvelle.
Si je vous interromps pardonnez à mon zèle.
Cléon, de l'Amérique, est enfin de retour :
Et vous l'allez revoir avant la fin du jour.
Vous n'en douterez plus en lisant cette lettre.
Un courrier vous l'apporte.

LA MARQUISE, à Montval.

Ah ! daignez me permettre
De l'ouvrir devant vous, monsieur, et de la voir.
C'est un ami parfait ; son retour fait l'espoir
De toute ma maison. Voilà son caractère.
Je reconnais les traits d'une main aussi chère.

(Elle lit.)

« J'arrive enfin, madame, et ma première attention
« est de vous en donner avis. Je pars de Marseille en
« même temps que ma lettre ; je vous prie de ne pas
« la lire au baron votre frère, je veux avoir le plai-
« sir de le surprendre. Est-il aussi triste qu'il l'était
« quand je suis parti ? pour moi, je suis toujours gai
« à mon ordinaire, et je reviens exprès pour dissiper
« son chagrin et pour partager ma fortune avec lui.
« Et ma petite femme, comment se porte-t-elle ? »

(Elle s'interrompt.)

C'est ma nièce, monsieur, qu'il appelait ainsi.
Lucile avait dix ans, quand il partit d'ici.
S'il savait son état, sa douleur serait vive.

LISETTE.

Monsieur l'en tirera.

MONTVAL.

Même avant qu'il arrive.

LA MARQUISE, reprend.

« Et ma petite femme, comment se porte-t-elle? Il
« me tarde de la voir et de l'embrasser. Elle doit être
« à présent une beauté parfaite ; elle ne me recon-
« naîtra pas depuis dix ans qu'elle ne m'a vu. Plus
« j'approche, et plus mon amitié s'augmente pour elle. »
  (Après avoir lu.)
Mon frère, pour le coup, va dérider son front,
Et ma nièce rompra son silence profond.
Cléon, en arrivant, va les rendre accessibles ;
Il vous en coûtera des efforts moins pénibles.
Vous pourrez, grâce à lui, leur parler et les voir ;
Je vais tout ordonner pour le bien recevoir.
D'un devoir si pressant il faut que je m'acquitte,
Et vous m'excuserez, monsieur, si je vous quitte :
Je reviendrai bientôt. Lisette, en attendant,
Vous conduirez monsieur dans mon appartement.
Il s'y reposera.

SCÈNE V. — MONTVAL, LISETTE.

LISETTE.
Votre début m'enchante.
La marquise de vous me paraît très-contente.
Vous voilà médecin.

MONTVAL.
Oui, par occasion,
Lisette, ou, si tu veux, par conversation.

LISETTE.
Eh ! l'est-on autrement ? Soyez, avec souplesse,
Flatteur près de la tante et tendre avec la nièce,
Grave devant le frère, et vous ferez du bruit.

MONTVAL.
Un autre soin, Lisette, occupe mon esprit.
Quel est donc ce Cléon, cet ami de ton maître ?

LISETTE.
C'est un homme, monsieur, excellent à connaître.
Riche, sur le retour, garçon et sans parents,
Il fait cas de l'esprit, il chérit les talents ;

Et, dès qu'il vous verra, je gagerais ma vie
Qu'il va prendre pour vous une estime infinie.
Avec lui fortement tâchez de vous lier.
Plût au ciel qu'il vous fît un jour son héritier!
MONTVAL.
Je crains qu'il ne me soit plus nuisible qu'utile.
Le grand empressement qu'il fait voir pour Lucile
Alarme mon amour.
LISETTE.
C'est un riche barbon.
Vous n'êtes, par malheur, qu'un cadet de maison.
MONTVAL.
J'hériterai peut-être.
LISETTE.
Ah! frivole espérance !
De quoi sert le savoir, à quoi bon la naissance,
La figure, l'esprit, les grâces, la vertu,
Quand tout cet assemblage est d'argent dépourvu ?
MONTVAL.
Un véritable amour, quand il est réciproque,
Sait suppléer à tout.
LISETTE.
Discours dont on se moque !
Un amour mutuel, qui ne manque de rien,
Fait le bonheur parfait ; mais quand il est sans bien,
C'est le comble, monsieur. de toutes les misères.
MONTVAL.
Par tes réflexions, ah! tu me désespères !
LISETTE.
Consolez-vous, monsieur, car Lucile, entre nous,
Est encor plus fidèle ou plus folle que vous.
Pour elle, franchement, sa constance m'alarme.
MONTVAL.
Mon ardeur la mérite, et ce discours me charme.
LISETTE.
Elle renonce à tout quand elle vous croit mort.
Quel sera de son cœur le noble et digne effort,
Sitôt qu'elle apprendra que vous êtes en vie
Rien ne pourra la vaincre.

MONTVAL.
Ah ! mon âme ravie.
Sent renaître à présent le plus flatteur espoir !
Mon cœur vole vers elle et brûle de la voir.
Conduis-moi...
LISETTE.
Je ne puis, monsieur.
MONTVAL.
Je t'en conjure.
LISETTE.
Elle dort. Vous savez qu'elle aime la peinture,
Et dessine aussi bien que vous faites des vers.
MONTVAL.
Oui, je sais qu'elle unit tous les talents divers.
LISETTE.
Pour adoucir l'erreur dont son âme est frappée,
Elle est, depuis huit jours, constamment occupée,
Du matin jusqu'au soir, à faire le portrait...
MONTVAL.
Lisette, de qui donc ?
LISETTE.
D'un très-aimable objet.
MONTVAL.
Quel objet ? Apprends-moi...
LISETTE.
Monsieur, c'est de vous-même.
MONTVAL.
De moi !
LISETTE.
Jugez par là si Lucile vous aime.
MONTVAL.
Ah ! ce trait met le comble à mon ravissement.
Je cours à ses genoux...
LISETTE.
Je vais auparavant
Savoir si la malade est à présent visible,
Et ménager près d'elle un instant si sensible ;
De peur qu'en vous voyant, un transport indiscret
N'aille de vos deux cœurs révéler le secret.

MONTVAL.

Nous serons sans témoins, ne crains rien, s'il échappe
L'amant sera caché sous les traits d'Esculape.
Viens, partons, qu'au plus tôt j'aille remplir l'emploi,
Le plus intéressant et le plus doux pour moi.

ACTE TROISIÈME

SCÈNE I. — LA MARQUISE, CHAMPAGNE.

LA MARQUISE.

Approchez. Votre nom ?

CHAMPAGNE.

Madame, je m'appelle
Kolsquil, pour vous servir. Disposez de mon zèle.

LA MARQUISE.

Votre maître, parlez, comment se nomme-t-il ?

CHAMPAGNE.

C'est monsieur... monsieur Bromps.

LA MARQUISE.

Allez vite, Kolsquil :
Dites à monsieur Bromps qu'il vienne en diligence,
Que le cas est pressant.

CHAMPAGNE.

J'y cours ; mais il s'avance.

SCÈNE II. — LA MARQUISE, MONTVAL, CHAMPAGNE.

LA MARQUISE.   [cours;

Ah ! mon cher monsieur Bromps, à vous seul j'ai re-
Et l'état de ma nièce a besoin de secours.
Elle vient de passer la nuit la plus horrible,
Et son pouls, ce matin, marche d'un pas terrible.

Sa pâleur a fait place au plus fort vermillon.
Surprise de la voir dans cette émotion,
Je lui dis, pour tâcher de la rendre tranquille,
Qu'il venait d'arriver un médecin habile,
Et qu'elle se calmât... mais, à ce nom fatal,
Je la vois qui frémit et se trouve plus mal.
Cet accident m'étonne autant qu'il m'inquiète.
Je viens de la laisser dans les bras de Lisette,
Qui m'a promis, tout bas, de calmer ses esprits
Et de la disposer à suivre vos avis.
J'attends tout de votre art et de votre sagesse.
Voyez-la sans tarder, monsieur ; le péril presse.

LA MARQUISE (*sic*) MONTVAL.

Je suis impatient, plus que vous, de la voir.
Mais comme mon aspect pourrait trop l'émouvoir,
Par Lisette il est bon qu'elle soit prévenue ;
Elle aura moins de peine à soutenir ma vue.
Cette fille est zélée, et nous avertira
Quand il en sera temps... Madame, la voilà.

SCÈNE III. — LA MARQUISE, MONTVAL, LISETTE.

LA MARQUISE.

Ma nièce, maintenant, comment se trouve-t-elle ?

LISETTE.

Elle est beaucoup plus calme, et j'ai fait, dans mon zèle,
Du médecin prussien un portrait si flatteur,
Que l'estime chez elle a dissipé la peur.

LA MARQUISE.

Consent-elle à le voir ?

LISETTE.

Oui ; mais comme elle est lasse
De rester dans sa chambre, et veut changer de place,
Elle consultera monsieur dans ce salon.

LA MARQUISE.

J'y serai.

LISETTE.

Pardonnez : soit caprice ou raison,

Elle ne veut que moi pour toute compagnie,
Et ne peut qu'à monsieur dire sa maladie.
LA MARQUISE.
Elle est donc résolue à déclarer son mal ?
LISETTE.
Oui ; la douleur la force à cet aveu fatal.
Daignez la laisser seule, elle vous en supplie.
LA MARQUISE.
Mais je ne conçois rien à cette fantaisie.
MONTVAL
Avec moins de contrainte elle s'expliquera,
Et je ne réponds point du succès sans cela.
LA MARQUISE.
La chose étant ainsi, monsieur, je me retire,
Et de cet entretien je reviendrai m'instruire.
MONTVAL.
J'aurai bientôt l'honneur de vous en informer,
Et sur l'événement vous pouvez vous calmer ;
Il sera très-heureux, c'est moi qui vous le jure.
LA MARQUISE.
Je sors moins agitée, et ce mot me rassure.

(Elle sort.)

SCÈNE IV. — MONTVAL, LISETTE.

LISETTE.
J'ai tenu ce propos, afin de l'écarter.
Lucile, à ce sujet, ne veut rien écouter,
Et de tout médecin elle fuit la présence.
MONTVAL.
Mais tu sais que son mal est de ma compétence.
Tu devais l'éclaircir et détromper son cœur.
LISETTE.
Je l'ai tenté sans fruit. Son aveugle douleur,
Quoi que j'aie avancé, n'a pas voulu me croire.
Votre retour, monsieur, lui paraît une histoire
Imaginée exprès pour calmer son esprit.
Un songe l'a beaucoup agitée cette nuit.
MONTVAL.
Je n'ai qu'à me montrer pour démentir ce songe,

La vérité d'abord détruira le mensonge.

LISETTE.

Ce moment est critique ; il vous sera plus doux,
Tout bien examiné, de le filer pour vous.
Il serait dangereux de le brusquer pour elle.
Monsieur, d'une façon plus sage et plus nouvelle,
Pourra, s'il le veut bien, en jouir par degré.
Ce moyen, par l'amour, doit être préféré.

MONTVAL.

Quel est donc ce moyen ?

LISETTE.

Je m'en vais vous l'apprendre.
Dans ce salon, monsieur, Lucile va se rendre,
Pour y continuer votre portrait en grand.
Comme il fait plus obscur dans son appartement,
Cet endroit est toujours celui qu'elle préfère.
La peinture demande un beau jour qui l'éclaire.
Voilà son atelier qu'il faut ici dresser.
Voici votre portrait, et je vais le placer.
Mettez-vous là.

MONTVAL.

Dis-moi : que prétend ta folie ?

LISETTE.

Cacher l'original derrière la copie.
Là, vous aurez, monsieur, le plaisir ravissant
D'être devant Lucile invisible et présent,
De connaître son cœur par sa douleur profonde,
Et de vous voir pleurer des plus beaux yeux du monde.
Là, vous pourrez goûter l'enchantement nouveau
De voir sa main charmante animer le pinceau,
Vous donner sur la toile une seconde vie,
Y peindre, y caresser votre image chérie,
Sa bouche la baiser dans un léger transport,
Et vous faire, vivant, jouir de votre mort.

MONTVAL.

J'envie à mon portrait cette faveur suprême,
Et j'aimerais bien mieux en profiter moi-même.

LISETTE.

Vous serez à portée, et ne vous fâchez pas.

MONTVAL.

Donne-moi ce pinceau que ses doigts délicats
Ont conduit pour orner ma figure brillante :
Qu'en attendant j'y porte une lèvre pressante.

LISETTE.

Dans leurs façons d'agir, que les amants sont fous !
A baiser ce pinceau quel plaisir prenez-vous ?

MONTVAL.

L'objet qui l'a touché le rend cher à ma flamme ;
J'en tiens un nouvel être et lui dois une autre âme.

(Il regarde son portrait.)

De mes traits embellis je demeure enchanté.
Que je me trouve beau ! c'est sans fatuité.
Dans mon portrait, au fond, ce n'est pas moi que j'aime ;
C'est la main qui l'a fait, c'est Lucile elle-même.
Puis-je trop le chérir ? les Grâces et l'Amour
Ont peint et retouché l'ouvrage tour à tour.

LISETTE.

Elle vient, cachez-vous ; goûtez en amant tendre,
Avant que de la voir, la douceur de l'entendre.

SCÈNE V. — MONTVAL, caché derrière son portrait;
LUCILE, LISETTE.

LUCILE, à Lisette, qui court au-devant d'elle.

Lisette, soutiens-moi ; j'ai besoin de ton bras :
Je me sens déjà lasse, et n'ai fait que deux pas.

LISETTE.

Vous serez beaucoup mieux quand vous serez assise.

LUCILE.

Ah ! je suis mal partout ; rien ne me tranquillise.
N'importe, donne, approche un peu ce fauteuil-là.
Mettons-nous à l'ouvrage, il me délassera.

(Elle peint.)

Cher Montval ! attendant le bonheur de te suivre,
J'aime sur cette toile à te faire revivre.
Ton portrait est fidèle, il est d'après mon cœur ;
Et c'est le seul plaisir qui flatte ma douleur.
Que ne peux-tu, des lieux où repose ton âme,

Ah ! que ne peux-tu voir ces marques de ma flamme !
Que ne peux-tu porter tes regards jusqu'à moi,
Sentir ce que je sens, ce que je fais pour toi !
Dans mes justes regrets que ne peux-tu m'entendre !
Que n'es-tu le témoin de l'amour le plus tendre !

LISETTE.

Il l'est, mademoiselle, il l'est dans cet instant.

MONTVAL, bas à Lisette, par un coin du portrait.

Je vais...

LISETTE, bas, à Montval.

Non, cachez-vous.

(À Lucile.)

Il vous voit, vous entend,
Et ne perd pas un mot de tout ce que vous dites.

LUCILE, peignant toujours.

Loin d'apaiser par là mon chagrin, tu l'irrites.
Il ne se repaît pas d'un discours aussi vain.

LISETTE.

Supposons, un moment, qu'il respirât enfin,
Qu'il parût devant vous.

LUCILE.

Ah ! j'en mourrais de joie !
Mais ce n'est plus un bien que le ciel me renvoie.
Pour jouir de sa vue et de son entretien,
Il ne me reste plus que ce faible moyen.

(Elle repeint.)

Ma main seule à mes yeux peut retracer ses charmes,
Et sa perte à jamais fera couler mes larmes.

LISETTE.

Je vous l'ai déjà dit, votre amant n'est pas mort ;
Et si vous vouliez bien écouter mon rapport,
Je vous en convaincrais d'une façon si claire...

LUCILE.

Depuis six mois entiers tout m'a dit le contraire.
Un songe, encore un songe...

LISETTE.

Ah ! le jour qui vous luit
Est fait pour dissiper les erreurs de la nuit.

LUCILE.

Ceux qu'on fait le matin sont toujours vrais, Lisette.
(Elle quitte le pinceau.)
J'ai vu, j'ai vu l'objet de ma douleur secrète ;
Je l'ai vu tout sanglant qui s'avançait vers moi,
Et me tendait sa main pour recevoir ma foi ;
Il me la demandait d'une bouche expirante,
Comme le juste prix de son ardeur constante.
En l'arrosant de pleurs, j'ai reçu cette main,
Et la mienne a lié mon sort à son destin.
J'ai juré de rester fidèle à sa mémoire ;
Je tiendrai mon serment, je m'en fais une gloire.
Pour le rendre immortel j'emploîrai mon pinceau.
Je veux de ce portrait, je veux faire un tableau.
A côté de Montval je me peindrai moi-même,
Avec les attributs d'une épouse qui l'aime.
D'un nœud fait par l'amour l'hymen nous unira,
Et loin de le briser, la mort le serrera.
Pour remplir ce projet dont mon âme est ravie,
Rendons de mon amant la figure accomplie :
Donnons, sans plus tarder, à des traits si chéris,
Donnons toute leur grâce et leur vrai coloris.
(Tandis qu'elle peint, Montval la regarde par-dessus son portrait, et
Lisette lui fait signe de se cacher.)

LISETTE.

Déjà la ressemblance est à mon gré parfaite.

LUCILE.

Tais-toi, ne parle pas ; je crains d'être distraite.
Souvent, à notre esprit, un mot fait échapper
Le vrai qu'il saisissait, et ne peut rattraper.
Voilà, voilà sa bouche, et son tendre sourire ;
Voilà ses yeux, son air. Ah ! mon amant respire !
C'est lui, je le revois, et j'embrasse Montval !

LISETTE, ôtant le portrait qui cache Montval.

Embrassez-le lui-même en propre original.

LUCILE, voyant Montval à ses genoux.

Où suis-je ? juste ciel ! quel objet ! quelle vue !
La joie et la frayeur me tiennent suspendue.

MONTVAL.

Ah ! Lucile !

LUCILE.

Ah ! Montval ! est-ce vous que je voi ?
Est-ce vous que j'entends ?

MONTVAL.

Oui ; reconnaissez-moi.

LUCILE.

Quoi ! vous êtes vivant ?

MONTVAL.

Oui, vivant et fidèle.

LISETTE.

Pour convaincre vos yeux, touchez, mademoiselle.

LUCILE.

Mes sens, de la douleur, passent rapidement
A l'excès de la joie et du ravissement.
Un moment ; arrêtez ; souffrez, que je respire :
Un si grand bien m'accable, et je ne puis rien dire.

MONTVAL.

O jour ! ô jour heureux ! ô moment enchanteur !
Qui répare trois ans de peine et de malheur !
Mon bonheur est si grand aussi bien que ma gloire,
Que j'en suis étonné, que j'ai peine à le croire.
Vous m'aimez !

LUCILE.

Pour juger de ma sincère ardeur,
Regardez-moi, Montval, et voyez ma pâleur ;
Voyez le triste état où vous m'avez réduite :
Sur mon front abattu ma tendresse est écrite ;
Consultez ce portrait, l'ouvrage de l'amour,
Où vos traits et ma flamme éclatent tour à tour ;
Interrogez les pleurs que je viens de répandre,
Le songe, le serment que vous venez d'entendre ;
Demandez à Lisette à qui j'ouvre mon cœur,
A qui j'ai confié mes rêves de bonheur :
Tout ici vous dira combien je vous adore,
Et ma bouche, tout haut, vous le rèpète encore.

MONTVAL.

Je n'ai plus de regret à tout mon sang versé ;

Tout ce que j'ai souffert est trop récompensé.
Tant de traits éclatants d'un amour véritable,
A mes yeux enchantés vous rendent adorable.
Je dois avec raison chérir ma fausse mort,
Et je voudrais subir encor le même sort,
S'il devait m'attirer cette preuve sensible...

                    LUCILE.
Gardez-vous de former un souhait si terrible;
Le bruit de ce trépas m'allait priver du jour.
Que dis-je? il l'avait fait jusqu'à votre retour.
Du jour qu'on m'annonça cette fausse nouvelle,
Mes yeux s'étaient couverts d'une nuit éternelle.
J'avais cessé de vivre. A présent, je vous vois,
Je renais, je respire une seconde fois :
Un seul de vos regards m'a promptement guérie,
Et c'est de cet instant que je date ma vie.

                    LISETTE.
Il est vrai que monsieur est un grand médecin.

                    LUCILE.
Mon cœur avait besoin de son art souverain.

                    MONTVAL.
Tel que vous me voyez j'en possède le titre ;
Et des jours des mortels je suis ici l'arbitre.

                    LUCILE.
Vous êtes médecin?

                    MONTVAL.
                    Oui, je le suis pour vous.

                    LISETTE.
C'est lui qu'on a prié de vous tâter le pouls :
Je l'ai donné pour tel tantôt à la marquise.

                    LUCILE.
A-t-il sa confiance?

                    MONTVAL.
                    Elle m'est toute acquise.
Vous êtes ma malade : en cette qualité,
Je puis vous voir sans cesse en pleine liberté.

                    LUCILE.
Le moyen est charmant; mais puis-je bien le croire?

MONTVAL.
Oui ; cette cure-là va me combler de gloire.

SCÈNE IV. — LUCILE, MONTVAL, LISETTE,
CHAMPAGNE.

CHAMPAGNE.
Cléon, mademoiselle, arrive en ce moment,
Et demande à vous voir avec empressement.

LISETTE.
Champagne a fort bien fait de venir nous l'apprendre ;
Cette brusque arrivée aurait pu nous surprendre.

CHAMPAGNE.
Mais, vraiment, la malade est en bonne santé ;
Les médecins de Prusse ont de l'habileté.
La guérison est prompte.

LISETTE.
   Elle l'est trop peut-être
Et je crains les soupçons qu'elle peut faire naître.
Pour donner à la chose un air de vérité,
Il faut qu'elle paraisse avoir moins de gaîté,
Et qu'elle joue encore un peu plus la malade.

MONTVAL.
Pour mieux accréditer ici ma mascarade,
Je vais, de mon côté, jouer le charlatan :
Belle Lucile, il faut vous prêter à mon plan,
Et m'aider...

LUCILE.
   Volontiers. Que faut-il que je fasse ?
Parlez.

MONTVAL.
  Dans ce fauteuil remettez-vous, de grâce :
Sitôt que la marquise et Cléon paraîtront,
Feignez d'être plongée en un sommeil profond.

CHAMPAGNE
Vous pouvez tout risquer dans votre emploi sublime ;
On a pour monsieur Bromps une si haute estime,
Qu'en faveur de son nom, tout passe...

LISETTE.
    Que dit-il ?

Monsieur Bromps !
CHAMPAGNE
C'est mon maître, et moi je suis Kolsquil.
Un nom bien étranger rend plus considérable :
Plus il est ostrogoth, plus il est respectable.
Madame a fait tout haut votre éloge à Cléon :
Tant mieux ! la médecine est un vrai pharaon :
Pour y faire fortune il faut qu'on y hasarde.
MONTVAL.
On monte, dormez bien ; le reste me regarde.

SCÈNE VII. — LUCILE, MONTVAL, CLÉON, LISETTE, CHAMPAGNE.

CLÉON, au fond du théâtre.
Je veux rendre la joie à toute la maison,
Faire rire Lucile, égayer le baron.
Mais je vois là quelqu'un qui ressemble à Lisette.
LISETTE.
Oui, c'est elle, monsieur. Votre santé ?
CLÉON.
Parfaite.

Et celle de Lucile ?
LISETTE.
Un peu mieux ce matin.
Vous la voyez qui dort. Voilà son médecin.
CLÉON.
Mais, pour une malade, elle est assez vermeille.
LISETTE.
Parlons plus bas. Je crains que le bruit ne l'éveille.
MONTVAL.
Rien ne peut interrompre un sommeil si parfait,
Il ne finira pas qu'il n'ait eu son effet.
CLÉON.
Durera-t-il longtemps?
MONTVAL.
Mais, une heure et demie.
CLÉON.
Qu'elle est belle en dormant ! et comme elle est grandie !

Plus je la vois de près, plus j'en suis enchanté.
Comment est-elle donc lorsqu'elle est en santé?
Elle charme les yeux, quand même elle repose;
Que sera-ce éveillée?

MONTVAL.

Éloignez-vous, pour cause:
Il est très-dangereux d'en approcher si fort;
Mon remède, à présent, fait son plus grand effort;
Vous prendriez son mal.

CLÉON.

J'entends ce badinage.

MONTVAL.

D'honneur, il est mortel aux hommes de votre âge.

CLÉON.

J'en veux courir les risques; et si je ne craignais
D'éveiller la malade, ah! je l'embrasserais...

MONTVAL.

Ne vous y jouez pas.

CLÉON.

Au péril de ma vie,
Et je brave la mort, quand elle est si jolie.
Mais de ce mal, monsieur, que vous craignez pour nous,
Dites, n'avez-vous rien à redouter pour vous?

MONTVAL.

J'ai des préservatifs, monsieur, pour m'en défendre;
Le mauvais air sur nous n'ose rien entreprendre:
Il attaque d'abord ceux qui viennent de loin.

LISETTE.

Pour moi, je ne crains rien, pourvu que votre soin,
Comme on doit l'espérer, si cela continue,
Nous la rende bientôt telle que je l'ai vue.

CLÉON.

Qu'on me la donne à moi telle que je la voi,
Je m'en contenterai; je suis de bonne foi.

MONTVAL.

Ah! quel feu surprenant dans vos yeux étincelle!
Votre cœur est frappé d'une atteinte mortelle.

CLÉON.

Monsieur le médecin, vous êtes connaisseur.

MONTVAL.
Je me connais surtout aux mouvements du cœur,
Et c'est à les régler que mon art s'étudie.
La médecine vraie est la philosophie.
Il faut des passions arrêter le progrès ;
La mauvaise santé provient de leurs excès...
C'est la sagesse en tout, monsieur, qui fait la bonne.
CLÉON.
C'est le tempérament plutôt qui nous la donne.
L'honnète homme a souvent quelque incommodité,
Et je vois des coquins qui crèvent de santé.
LISETTE.
Trop de vertu maigrit.
MONTVAL.
                    Tout excès est contraire,
Même celui du bien, mais il ne règne guère ;
Et, dans l'ordre commun, le mal et la douleur
Vient du déréglement de l'esprit ou du cœur ;
Des souffrances du corps l'âme est toujours la source,
Il faut les chercher là, pour arrêter leur course ;
Ses travers, ses erreurs, produisent le chagrin :
C'est lui qui de la fièvre allume le levain,
Qui calcine le sang jusque dans les artères,
Met la bile en fureur et brûle les viscères.
Quand l'âme est en santé, le corps se porte bien ;
Sitôt qu'elle est malade, il ne profite en rien.
LISETTE.
Je l'éprouve souvent, rien n'est plus véritable ;
Monsieur Bromps est vraiment un homme incom-
                                        [parable.

SCÈNE VIII. — LA MARQUISE, LUCILE,
MONTVAL, CLÉON, LISETTE,
CHAMPAGNE.

LA MARQUISE, à Cléon.
Pardon, si je vous ai laissé pour un moment :
Mais ma nièce repose ; ah ! l'heureux changement!
Dans les bras du sommeil elle semble renaître.

La fraîcheur de son teint commence à reparaître;
Le mal peut-être encor forme ce coloris.

MONTVAL.

Non; c'est un élixir qui fait à ses esprits
Puiser dans le repos une nouvelle vie.

LA MARQUISE.

Que ne vous dois-je pas! Heureuse léthargie!

CLÉON.

Vous aviez pour Lucile alarmé ma pitié;
Mais, madame, à présent je suis moins effrayé.
Ou bien, si je le suis, c'est moi seul qu'il faut plaindre,
Et sa beauté qui dort n'en est pas moins à craindre.

LA MARQUISE.

Si vous aviez, monsieur, vu tantôt son état,
(Se tournant vers Lisette.)
Il vous eût pénétré. Vois-tu cet incarnat?
Lisette, qu'en dis-tu?

LISETTE.

J'admire...

LA MARQUISE.

Ah! le grand homme!

LISETTE.

Il n'a pas son egal de Paris jusqu'à Rome.

LA MARQUISE.

Mais, c'est miraculeux!

CLÉON.

La voilà qui sourit:
Quelque songe amusant lui réjouit l'esprit.

MONTVAL.

Madame, à son réveil elle ira mieux encore;
J'en réponds maintenant. Chaque instant fait éclore
Sur sa joue émaillée une nouvelle fleur;
De sa convalescence elle est l'avant-coureur.

LA MARQUISE.

Ah! monsieur, au plus tôt achevez le miracle :
Vous avez surmonté déja le grand obstacle.

MONTVAL.

Patience, un moment; le réveil n'est pas loin.

LA MARQUISE.

Pressez-le, et sans tarder, que j'en sois le témoin ;
Que je puisse embrasser une nièce si chère :
Ma tendresse est égale à l'amour d'une mère ;
Mon cœur vole déjà.

MONTVAL.

Vous me l'ordonnez, soit.
Je n'ai qu'à lui serrer le bout du petit doigt.

LUCILE, feignant de s'éveiller.

Ah ! je respire enfin. Que je suis soulagée !
Du poids qui m'accablait je me sens dégagée :
Je n'ai plus aucun mal, Lisette !

LISETTE.

Me voilà.

LUCILE.

Il me tarde de voir ma tante : avertis-la.

LA MARQUISE.

Tu me vois devant toi ; tourne vers moi ta vue.

LUCILE.

Ah ! ma tante !

LA MARQUISE.

Ah ! ma nièce ! ah ! tu m'es donc rendue ?
Je ne te perdrai point.

LUCILE.

Non ; je vis maintenant,
Et c'est pour vous aimer encor plus tendrement.

LISETTE.

Elle ne fut jamais plus fraîche et plus jolie.

LA MARQUISE.

Que j'aime à la voir telle, et que je suis ravie !
(A Montval.)
C'est à votre art divin que je dois ce bonheur.

LUCILE.

Nous le devons, ma tante, embrasser de bon cœur.

(Elles l'embrassent.)

CLÉON.

Permettez qu'à mon tour je vous marque mon zèle,
Et le plaisir que j'ai de vous revoir si belle.

LUCILE.
Excusez-moi, monsieur; je ne vous connais pas.
CLÉON.
Je vous ai mille fois portée entre mes bras.
LA MARQUISE.
C'est Cléon.

LUCILE.
Pardonnez à mon impolitesse;
N'imputez cet oubli qu'à ma seule jeunesse.
Quand vous êtes parti, je n'étais qu'une enfant.
CLÉON.
Puisque je vous embrasse, oh! je suis trop content.
LA MARQUISE.
Venez vous présenter au baron l'un et l'autre;
Sa gaîté va renaître à l'aspect de la vôtre.
LUCILE, à Montval qui lui donne la main.
Ne m'abandonnez pas; venez, mon médecin.
LA MARQUISE.
Oui, sans votre secours, notre effort serait vain.
Songez qu'après la fille il faut guérir le père.
MONTVAL.
Madame, je m'en fais un devoir nécessaire.

SCÈNE IX. — CHAMPAGNE, LISETTE.

CHAMPAGNE.
Dans ces heureux instants, chacun s'embrasse ici.
Lisette, trouve bon que je t'embrasse aussi.
LISETTE.
La santé de Lucile excuse cette ivresse,
Et, pour te refuser, j'aime trop ma maîtresse.
CHAMPAGNE, en l'embrassant.
De sa convalescence, oh! je suis très-joyeux,
Et je sens à présent que je m'en porte mieux.

ACTE QUATRIÈME

SCÈNE I. — LE BARON, rêvant dansun fauteuil, une plume à la main, lecoude appuyé sur un bureau qui est devant lui.

Devais-je t'acheter, ô fatale brochure !
Non, rien n'est comparable au tourment que j'endure ;
Et mon esprit, malgré les efforts que je fais,
Est toujours en travail, et n'enfante jamais.

SCÈNE II. — LE BARON, MONTVAL, CHAMPAGNE.

MONTVAL, au fond du théâtre.
Nous avons pris tous quatre une peine inutile,
Nous n'avons pas trouvé le père de Lucile.
CHAMPAGNE.
Monsieur, le voilà seul ; parlons bas, il écrit.
MONTVAL.
Il se plaint ; écoutons, j'en ferai mon profit.
LE BARON.
Riche auteur de *Mérope*, ah ! je te porte envie.
Les bons vers, sans efforts, coulent de ton génie,
Et je ne puis avoir, dans mes vœux impuissants,
Même la faculté d'en faire de méchants.
La nature aujourd'hui n'est pas en tout avare ;
L'art des vers est commun, si le génie est rare.
Je ne demande au ciel, pour unique présent,
Que la fécondité des rimeurs d'à présent.
On ne peut pas former un souhait plus modeste :
Qu'il m'accorde la rime, et garde tout le reste ;
Que je fasse des vers, n'importe qu'ils soient plats.
Mais j'ai beau le prier, il ne m'écoute pas.
MONTVAL.
Bon ; voilà qui m'apprend au vrai sa maladie.

CHAMPAGNE.

Le genre en est plaisant; permettez que j'en rie.
Ah! la rime le tient : je plains son embarras,
Car je me suis trouvé quelquefois dans le cas.

LE BARON.

J'ai beau ronger mes doigts, j'ai beau même les mordre,
Raturer, déchirer, mettre tout en désordre,
Renverser et briser les meubles innocents,
Et, pour trouver la rime, écraser le bon sens;
Je n'en ai, pour tout prix, que la douleur secrète
D'extravaguer beaucoup, sans devenir poëte.
O ciel! puisque de toi je ne puis obtenir
Le pouvoir de rimer, ôte-m'en le désir;
Ce désir malheureux, qui sans fruit me consume.

CHAMPAGNE.

Éloignons-nous; je crains sa fureur qui s'allume.

LE BARON.

Ma raison, ce matin, l'avait su réprimer;
Ce funeste recueil vient de le rallumer.
Grands et petits, la cour, la ville et la province,
Toute la France, enfin, a rimé pour son prince :
Malheureux! moi tout seul, pour lui je n'ai rien fait;
Moi qui suis, dans le cœur, son plus zélé sujet !
Depuis huit mois entiers que cette ardeur m'agite,
Je n'ai pu mettre au jour un seul quatrain de suite,
Et les vers que je fais sont tout estropiés :
L'un est court d'une jambe et l'autre a quinze pieds.
Telle est la cruauté de ma barbare étoile;
Aux yeux de tous encore il faut que je la voile.
Je ne puis, dans ma peine, avoir un confident,
Et je suis obligé de m'enterrer vivant,
Dans la peur que quelqu'un ne pénètre ma honte.
Un mal si ridicule, et qu'aucun frein ne dompte,
Me peint tous les objets des plus noires couleurs.
Il me plonge aujourd'hui dans de telles fureurs,
Que je suis sur le point de me battre moi-même;
Et malheur mille fois, dans mon dépit extrême,
Malheur aux importuns qui se présenteront!

(Il se lève avec fureur.)

CHAMPAGNE.
Ce ne sera pas moi; des sots s'y frotteront.

MONTVAL, l'arrêtant.
Demeure, ce n'est là qu'un transport poétique.

CHAMPAGNE.
On ne badine pas avec un frénétique.

MONTVAL.
Le voilà qui se calme.

(Le baron se remet sur son siége et rêve de nouveau.)

CHAMPAGNE.
Ah! je tremble toujours.
Lisette, heureusement, vient à notre secours.

SCÈNE III. — LE BARON, MONTVAL, CHAMPAGNE, LISETTE, qui fait signe, en entrant, à Montval et à Champagnede se retirer.

LISETTE, au baron.
Monsieur...

LE BARON.
Qui parle là?

LISETTE.
C'est votre humble servante.
Madame, qui vous cherche, est très-impatiente.
Un fameux médecin...

LE BARON.
Qu'on me laisse en repos;
Je ne suis point malade . il vient mal à propos.

LISETTE.
Il a ressuscité votre fille expirante :
La nouvelle partout...

LE BARON.
Nouvelle extravagante!
Et ce médecin-là n'a jamais existé.

LISETTE.
Pour convaincre vos yeux de sa réalité,
Il va se présenter.

LE BARON.
Non, non; je l'en dispense.

J'honore ses pareils, mais je fuis leur présence.

LISETTE.

Oh! c'est un médecin comme on n'en a point vu;
Vous l'aimeriez, monsieur, s'il vous était connu.
Il joint au grand savoir tous les talents aimables;
Il fait des vers...

LE BARON.

Des vers!

LISETTE.

Il en fait d'admirables.

Il traite en gentilhomme, et sans rien exiger,
Poli comme un Français, quoiqu'il soit étranger.

LE BARON.

Quoi! c'est un étranger!

LISETTE.

Oui, monsieur.

LE BARON.

Qu'il paraisse..

Je lui dois des égards et de la politesse.

LISETTE.

Je vous annonce encor votre meilleur ami;
Et je vais l'informer que vous êtes ici.

LE BARON.

D'ami! je n'en ai point. Ne prends pas cette peine.

LISETTE.

Cléon l'est à bon titre, et permettez qu'il vienne.

LE BARON.

Il est de retour?

LISETTE.

Oui.

LE BARON.

Je dois le prévenir.

LISETTE.

Attendez-le plutôt; je sors pour l'avertir.
Voilà cet homme illustre à qui rien ne ressemble;
Voyez-le en attendant, et raisonnez ensemble.

(Elle sort.

SCÈNE IV. — LE BARON, MONTVAL.

MONTVAL.

Monsieur, comme étranger, je parais devant vous,
Prévenu des bontés que vous avez pour nous.

LE BARON.

Oui, je fais cas, monsieur, des étrangers célèbres.

MONTVAL.

Mon nom fût-il caché, monsieur, dans les ténèbres,
L'honneur que je reçois suffirait aujourd'hui
Pour répandre du jour et du lustre sur lui.
Les gens de lettres sont dans votre estime encore,
Et c'est la qualité dont surtout je m'honore ;
Je la préfère à tout.

LE BARON.

Avec juste raison :
Moi-même je voudrais en mériter le nom :
Il relève surtout l'éclat de la naissance :
Malgré l'erreur commune...

MONTVAL.

Elle n'est plus en France.
Tout le monde, à présent, y pense comme vous ;
Les arts y sont chéris et cultivés de tous :
Le seigneur, le premier, sait en donner l'exemple ;
L'hôtel du financier est devenu leur temple ;
Lui-même il est Mécène et Virgile à la fois,
Et chaque état changé n'est plus tel qu'autrefois.
L'esprit a répandu partout la politesse ;
Le jeune militaire a pris l'air de sagesse ;
Au spectacle, à l'étude, il donne ses loisirs,
Et consulte le goût, même au sein des plaisirs.

LE BARON.

Oh ! pour le coup, monsieur, votre pinceau nous flatte
Et c'est un beau portrait, que la vérité gâte.
Pour les auteurs, en France, on a trop de mépris ;
On l'étend, sans nul choix, sur les plus applaudis,
Eux qui mériteraient l'estime la plus haute.

MONTVAL.

S'ils y sont méprisés, c'est souvent par leur faute :

Ils font tout ce qui sert à les humilier ;
Le plus vil artisan élève son métier,
L'auteur seul a la rage, ou plutôt la bassesse,
De rendre ridicule un talent qu'il professe ;
Et, si sur le théâtre il met un bel esprit,
C'est pour le dégrader, jusque dans son habit,
Par mille traits usés, dont la redite assomme,
Qui font rire le sot et rougir l'honnête homme.
A ternir ses rivaux appliquant ses efforts,
Il s'avilit lui-même, et flétrit tout le corps.

LE BARON.

Pour réhabiliter ce corps que je révère,
Je voudrais qu'on en fît un exemple sévère.

MONTVAL.

A ce noble courroux, qui trahit votre cœur,
Je juge qu'en secret vous en êtes, monsieur.

LE BARON.

Plût au ciel qu'il fût vrai, comme je le désire !
Je ne sentirais pas l'horreur qui me déchire.
Mais j'en dis trop, monsieur.

MONTVAL.

        J'en dévoile encor plus.
Je vois de votre mal le principe confus.

LE BARON.

Vous voyez le principe !

MONTVAL.

        Oui, mon œil le démêle ;
Et j'ai pris dans mon art une route nouvelle.
Je suis le médecin du cœur et de l'esprit,
Et c'est en conversant que mon art les guérit.
Soit dans leur mouvements, soit dans leur fantaisie,
Je les suis pas à pas, et je les étudie.
Un coup d'œil me suffit pour y voir leur tourment ;
Par exemple, j'ai lu le vôtre en un moment.
Pour vous prouver, d'un mot, que j'ai su le connaître,
Vous brûlez d'être auteur, et vous ne pouvez l'être.
Cette inutile ardeur vous tourmente l'esprit,
Et c'est elle en secret, monsieur, qui vous maigrit.

LE BARON.

Je ne puis, à ces mots, que rougir et me taire.
Pour vous désavouer, je suis né trop sincère :
Votre savoir m'étonne et confond ma raison.
Je passe de l'estime à l'admiration.
Vous n'êtes pas un homme ; il faut être un génie
Pour avoir pénétré ma secrètemanie.
Jugez présentement, jugez de bonne foi,
S'il est quelqu'un au monde à plaindre autant que moi.
Si ma peine étoit sue, ah ! j'en mourrais de honte.
Tout ce que je demande, et sur lequel je compte,
Gardez bien mon secret, et déplorez mon sort.

MONTVAL.

Je veux et puis pour vous faire un plus grand effort :
Tout singulier qu'il est, ce mal qui vous transporte,
Je prétends le guérir, ou pallier de sorte
Que vous recouvrerez la joie et la santé :
Je réponds du remède et de sa sûreté.

LE BARON.

Vous me rendrez poëte ? O ciel ! puis-je le croire ?

MONTVAL.

Vous en aurez le titre.

LE BARON.

                Il suffit pour ma gloire.
Ah ! je voudrais avoir au théâtre un succès,
Et m'entendre applaudir lorsque je paraîtrais.
Je crois déjà m'y voir, et mon âme est charmée ;
Je suis, je suis égal au général d'armée
Qui revient triomphant.

MONTVAL.

            Je puis vous y servir.

LE BARON.

Doucement ; vous m'allez étouffer de plaisir.

MONTVAL.

Pour modérer, monsieur, cette joie excessive,
Songez que vous devez craindre l'alternative.
Le général d'armée est quelquefois battu.

LE BARON.

Oh ! l'exemple console ; Annibal fut vaincu.

MONTVAL.

Monsieur, à ce prix-là, soyez sûr de la chose.

LE BARON.

Faites-moi vite auteur, et ne fût-ce qu'en prose.

MONTVAL.

Vous l'allez être en vers, en voici le brevet ;
Adoptez cet écrit sous le sceau du secret ;
Nul autre que nous deux ne saura ce mystère.

LE BARON.

Quoi ! des enfants d'autrui je serai donc le père ?

MONTVAL.

Consolez-vous, monsieur ; nombre de beaux esprits
Ressemblent sur ce point à beaucoup de maris.

LE BARON.

Mais c'est un vol secret qui tient de l'imposture.

MONTVAL.

Non ; il ne blesse pas les lois de la droiture.

LE BARON.

On trompe en se parant d'un habit emprunté.

MONTVAL.

Eh ! qui brille aujourd'hui de sa propre clarté ?
Le monde n'offre aux yeux qu'une fausse lumière ;
Et tout est charlatan, ou tout est plagiaire.
Comme chaque talent, songez que chaque état
D'une main inconnue emprunte son éclat.
Un grand doit son esprit à son seul secrétaire ;
Le robin, au palais, et l'orateur, en chaire,
Ne débitent souvent que ce qu'un autre écrit ;
Le marchand vend pour sien ce qu'il prend à crédit ;
L'homme d'intrigue usurpe et vole au vrai génie
La gloire d'un projet que son art s'approprie.
Depuis l'homme de cour jusques à l'artisan,
Tout trompe, tout est geai sous les plumes du paon.

LE BARON.

Je me rends ; ce discours lève enfin mon scrupule :
Je puis me dire auteur, sans être ridicule.
Vous me rendez la vie en cet heureux instant ;
Vous faites plus, votre art me tire du néant.
Vous me créez poëte, et je vous dois ma gloire.

Vous consacrez mon nom au temple de mémoire
MONTVAL.
Je voudrais que mes vers fussent tels dans le fonds.
LE BARON.
Moi, sans les avoir vus, je soutiens qu'ils sont bons.
J'irai les réciter avec la même ivresse
Que si j'étais l'auteur en effet de la pièce.
MONTVAL.
Mais vous l'êtes aussi Ne l'oubliez plus.
LE BARON.
Non.
Lisez-les moi d'abord, pour me donner le ton.
MONTVAL, lit.

Vers au Roi.

Grand roi, pardonne à mon silence,
Il prouve mon respect autant que ma prudence ;
Et le grand nombre aurait dû m'imiter ;
Tous ont le front de te chanter,
Mais aucun n'a l'art de te peindre :
C'est cet écueil fatal, c'est cet exemple à craindre
Qui m'a retenu malgré moi :
Les Alexandres, les Achilles,
N'ont rien de commun avec toi.
A quoi bon te prêter, en peintres malhabiles,
Les traits d'autrui rebattus tant de fois ?
Ta valeur, qui t'est propre, a pour soi la justice :
Que dans la vérité leur pinceau la saisisse,
Et l'offre pour modèle à tous les autres rois.
L'humanité, dans tes pareils si rare,
Te suit partout jusque dans les combats ;
Ce n'est point pour jouir d'un triomphe barbare
Qu'au plus fort du danger ton cœur conduit tes pas ;
C'est pour y ménager le sang de tes soldats,
Dont tu sais que le ciel veut que tu sois avare :
Voilà comme un vrai roi doit être courageux.
Pourquoi, dans les temps fabuleux,
Pour te louer, faut il donc qu'on s'égare ?

Notre histoire présente aux yeux
Un parallèle moins bizarre,
Et c'est à tes propres aïeux
Qu'il est juste qu'on te compare.
Pour te peindre il ne faut qu'un seul trait ressemblant:
Ton aïeul fit des rois et soutint leur puissance ;
Tu fais des empereurs et tu prends leur défense.
   Père du peuple ensemble et conquérant,
Tu joins, malgré l'effort de l'Autriche jalouse,
   La gloire de Louis le Grand
   A la bonté de Louis Douze.

LE BARON.

J'adopte ces vers-là. C'est peu de la santé,
Je suis sûr à présent de l'immortalité ;
Je les vais, de ce pas, envoyer au *Mercure*.

MONTVAL.

Pour l'immortalité cette voie est peu sûre :
Ce qui me flatte, moi, qui juge en médecin,
C'est votre état présent. Vous avez l'air serein,
Le teint clair ; dans votre œil la vivacité brille.

LE BARON.

Oui ; je vais me montrer aux yeux de ma famille.
Tout le monde sera bien étonné, je croi.

SCÈNE V. — LE BARON, MONTVAL, LA MARQUISE.

LE BARON.

Approchez-vous, marquise, et considérez-moi,
Comment me trouvez-vous ?

LA MARQUISE.

          Je vous trouve à merveille ;
Mes yeux sont enchantés ; je doute si je veille :
Je ne vous ai pas vu si frais depuis longtemps ;
Vous avez tout au moins rajeuni de dix ans.

LE BARON.

De cet homme divin c'est l'ouvrage admirable :
Sa façon de guérir doit paraître incroyable,

D'autant mieux qu'elle n'est que l'opération
D'une heure tout au plus de conversation.

LA MARQUISE.

Rien n'est plus surprenant ; mais puis-je être éclaircie
Du sujet qui causait votre mélancolie ?

LE BARON.

La chose est à présent inutile à savoir :
Suffit qu'il m'a purgé de tout mon chagrin noir.
J'ai l'esprit gai, content ; j'ai l'âme satisfaite ;
C'est assez pour jouir d'une santé parfaite.
Je voudrais que ma fille...

LA MARQUISE.

　　　　　Elle est guérie aussi.

LE BARON.

Je suis impatient de la voir.

LA MARQUISE.

　　　　　La voici.

SCÈNE VI. — LE BARON, MONTVAL, LA
MARQUISE, LUCILE, LISETTE.

LE BARON.

Ma fille, comme moi te voilà rétablie ;
En voyant ta santé, la mienne est raffermie.

LUCILE.

A mon bonheur, mon père, il ne manque plus rien.

LE BARON.

Dans ton libérateur tu vois aussi le mien.
Pour combler les bienfaits que le destin m'envoie,
Cléon vient partager et redoubler ma joie.
Quel plaisir !

SCÈNE VII. — LE BARON, MONTVAL, LA
MARQUISE, LUCILE, LISETTE, CLÉON.

CLÉON.

Cher baron, j'arrive exprès pour vous.

LE BARON.

Je ne puis vous revoir dans un moment plus doux.

Mon rétablissement et celui de ma fille
Marquent votre retour au sein de ma famille :
   (Montrant Montval.)
Monsieur en est l'auteur. Vous voyez aujourd'hui
Dans Lucile et dans moi deux miracles de lui ;
Nous étions...

CLÉON.

      J'en sais plus qu'on ne peut m'en apprendre,
Après ce que j'ai vu rien ne peut me surprendre.

MONTVAL.

Si vous vouliez, monsieur, croire aussi mes avis,
Vos maux, comme les leurs, seraient bientôt guéris.
Plus que vous ne croyez je puis vous être utile.

CLÉON.

Non ; quoique vous soyez un médecin habile,
J'ai résolu pour moi d'en choisir un meilleur.

MONTVAL.

Vous me surprenez fort. Eh ! qui donc ?

CLÉON.

                   C'est monsieur.

LE BARON.

Oh ! s'il dépend de moi, la guérison est sûre.

CLÉON.

Ce discours m'encourage et m'est d'un bon augure.
Puisqu'il faut, sans détour, vous révéler mon mal,
Apprenez qu'aujourd'hui, dans ce salon fatal,
Je l'ai pris en voyant votre fille endormie :
Sa beauté m'a frappé d'abord, quoique assoupie ;
Elle s'est réveillée ; un regard enchanteur
Vient d'enfoncer le trait jusqu'au fond de mon cœur.
La langueur de ses yeux a passé dans mon âme ;
L'amour, à soixante ans, m'a fait sentir sa flamme
Pour la première fois. Je soupire, en un mot :
Mais je soupire au point que je meurs comme un sot
De ce feu violent qui vient de me surprendre,
Si je n'obtiens de vous la qualité de gendre.
C'est le remède seul qui peut sauver mes jours,
Et c'est de votre main que j'attends ce secours.
Votre sœur m'a flatté que j'y pourrais prétendre,

Et, pour vouloir ma mort, votre fille est trop tendre.
Vous gardez le silence, et vous m'étonnez tous.

LE BARON.

Je le garde de joie, et ma fille est à vous.

LISETTE, à part.

Voilà le médecin réduit à l'agonie.

CLÉON.

Mon âme est transportée.

LE BARON.

Et la mienne est ravie.

MONTVAL, d'un air troublé, au baron.

Vous lui donnez Lucile !

LE BARON.

Oui. Vos soins généreux
Ne pouvaient me la rendre en un temps plus heureux,
Et je veux, dès ce soir, que leur noce soit faite.
Je vous prîrai, monsieur, pour la rendre parfaite,
Comme en tout vous avez un goût supérieur,
D'en vouloir bien vous-même être l'ordonnateur.

LUCILE.

Ce soir.

CLÉON.

Belle Lucile, oui, vraiment, ce soir même.
Vous ne sauriez trop tôt faire mon bien suprême ;
Jugez de mon amour par mes soins empressés.
Votre tante, informée, a dû... Vous pâlissez !
Vous trouveriez-vous mal ?

LUCILE.

Oui. Soutiens-moi, Lisette.

(Elle se laisse aller sur un fauteuil.)

MONTVAL, à Cléon.

Votre ardeur, pour le coup, monsieur, est peu discrète.
A peine je l'arrache au danger le plus grand,
Et vous lui proposez un nœud si surprenant ;
Qui plus est, dans une heure on veut qu'il s'exécute :
Voilà qui lui peut seul causer une rechute.
Ce sont là de ces coups où l'on ne s'attend pas :
Les révolutions qui se font dans ce cas
Ébranlent tous les sens et sont des plus à craindre.

LA MARQUISE.

Monsieur, secourez-la.

MONTVAL.

Mais, à parler sans feindre,
Mon embarras est grand. Il me faut tout mon art
Pour la bien rétablir.

CLÉON.

Les fille la plupart,
A l'aspect d'un époux qui s'offre et qui s'empresse,
Font paraître leur joie, et non pas leur tristesse.

MONTVAL.

Il faut, monsieur, il faut, dans ces occasions,
Considérer le temps et les positions.
Éloignez-vous, de grâce, et les uns et les autres.

LE BARON.   [vôtres.

Oui, sortons : nos secours, monsieur, nuiraient aux

LA MARQUISE.

Je vous la recommande.

LISETTE.

Elle est en bonnes mains.

CLÉON, à Montval.

Monsieur...

MONTVAL, avec colère.

Votre présence est tout ce que je crains.
Sortez.

(Cléon sort avec la marquise et le baron.)

SCÈNE VIII. — MONTVAL, LUCILE, LISETTE.

LISETTE.

Votre courroux est plaisant.

MONTVAL.

Il est juste.

LISETTE.

Oui : voilà pour tuer le corps le plus robuste.
(A Lucile.)
Vous avez bien joué l'évanouissement.

LUCILE.

Oui ; car je l'ai joué très-naturellement :
Contre de tels revers on manque de constance.

MONTVAL.

Comme vous, j'ai pensé tomber en défaillance.

LUCILE.

Quel remède employer ? et que deviendrons-nous ?

MONTVAL.

Je suis de ce malheur plus étourdi que vous.

SCÈNE IX. — LUCILE, MONTVAL, LISETTE, CHAMPAGNE.

CHAMPAGNE, à Montval.

Descendez au plus tôt, monsieur, on vous demande.

MONTVAL.

Et qui donc ?

CHAMPAGNE.

Tout le monde ; et la foule est si grande,
Que la cour du château ne peut la contenir.
Le public n'attend pas ; hâtez-vous de venir.

MONTVAL.

Es-tu fou ? Quel public ?

CHAMPAGNE.

Le public de Champagne.
'est peu que votre nom vole dans la campagne,
e Créteil jusqu'à Troyes il vient d'être porté :
n vient vous consulter ici de tout côté.

MONTVAL.

.a chose est ridicule.

LISETTE.

Elle est des plus plaisantes.

CHAMPAGNE.

omment ! elle est pour vous, monsieur, des plus bril-
leurs empressements venez vous présenter. [lantes.

MONTVAL.

a leur parler toi-même et me représenter.

CHAMPAGNE.

pourrai faire face aux manants du village ;

Mais les honnêtes gens qui sont du voisinage,
Parmi lesquels on voit comtesses et marquis,
Veulent votre présence ainsi que vos avis.
Si vous ne répondez à leur ardeur extrême,
Ils viendront jusqu'ici vous relancer eux-mêmes.

MONTVAL.

J'enrage !

LUCILE.

Paraissez ; vous les charmerez tous.

LISETTE.

Nos docteurs à la mode en savent moins que vous.

MONTVAL.

Je ne suis médecin que pour votre famille.

LISETTE.

Votre art est pour le père, et vos soins pour la fille.

LUCILE.

Par là, de mes parents vous aurez mieux le cœur,
Et l'estime publique affermira la leur.

LISETTE.

La fortune vous rit, saisissez-la bien vite ;
Profitez de la vogue, elle aide le mérite.

LUCILE.

Oui ; tenez le destin : s'il vous trompe, en tout cas,
Soyez sûr que mon cœur ne vous trahira pas.

MONTVAL.

Devant Lisette, ici, daignez donc me promettre
D'accomplir, malgré tout, votre songe à la lettre.

LUCILE.

Je jure d'être à vous, ou de n'être qu'à moi :
Me punisse le ciel, si je trahis ma foi.

MONTVAL.

Après un tel serment, ma gloire est infaillible ;
Et, pour vous mériter, tout me sera possible ;
Vous m'en tiendrez compte ?

LUCILE.

Oui.

MONTVAL.

Je vole à mon emploi.
Amour ! tu m'en paîras ; je l'exerce pour toi.

ACTE CINQUIÈME

SCÈNE I. — CHAMPAGNE, LISETTE.

CHAMPAGNE.

Un moment; laisse-moi, laisse que je respire :
Je suis gonflé d'orgueil, et je crève de rire.
Monsieur Bromps a bien fait des dupes aujourd'hui.
Je l'ai bien secondé, j'ai trompé d'après lui ;
Et de la faculté tu vois un nouveau membre.

LISETTE.

Toi! tu n'es tout au plus qu'un docteur d'antichambre.

CHAMPAGNE.

Là, par bonté pour toi, je veux bien m'arrêter.
Hem ! comment va ce pouls? j'ai droit de le tâter ;
Je suis le médecin de toutes les soubrettes,
Et singulièrement je m'attache aux Lisettes.

LISETTE.

Va, je me porte bien, et tu n'es qu'un nigaud.

CHAMPAGNE.

Eh! ce sont là pour moi les malades qu'il faut;
Mais tu me connais trop ; sans cela mon audace
T'eût subjuguée ici comme la populace.

LISETTE.

L'opinion peut tout sur l'homme prévenu.

CHAMPAGNE.

Je ne le croirais pas, si je ne l'avais vu ;
Ah ! que la renommée est une belle chose,
Et qu'au public crédule aisément on impose!
Dès qu'elle est favorable, elle met en crédit,
Et porte l'ignorant comme l'homme d'esprit.
Il faut un nom fameux pour éblouir le monde,
Et c'est sur le bonheur que son éclat se fonde.

LISETTE.

Oui, qui fait tous les jours la réputation,
Et même le talent? mais c'est l'occasion.
La faveur d'un instant ou d'une circonstance

Suffit pour l'établir ou lui donner naissance :
Ton maître, dans le fond, mieux qu'un autre le peut ;
Quand on a de l'esprit, on est tout ce qu'on veut.

CHAMPAGNE.

Ce métier lui déplaît, la foule l'importune ;
Mais, s'il le voulait bien, nous y ferions fortune ;
En mon particulier, Lisette, à son insu,
J'ai là plus d'un louis que j'ai déjà reçu.

LISETTE.

Il devait préférer la médecine aux armes.

CHAMPAGNE.

Qu'oses-tu proposer ?

LISETTE.

A tort tu te gendarmes.

CHAMPAGNE.

Des guerriers tels que nous devenir médecins !
Abuser à la fois et tuer les humains !

LISETTE.

On les tue à la guerre.

CHAMPAGNE.

Oh ! c'est sans perfidie ;
En attaquant leurs jours, on expose sa vie ;
Si nous les égorgeons, c'est du moins noblement.

LISETTE.

Ils n'en sont pas moins morts : un médecin souvent
Les guérit par hasard ; il en fera de même.

CHAMPAGNE.

Notre délicatesse est là-dessus extrême.
Son succès cependant à tel point est porté,
Qu'il attache à son char tout le sexe enchanté,
Et c'est à qui l'aura. J'en ai vu trois ou quatre
Qui, pour se l'arracher, sont prêtes à se battre :
Une femme titrée et fière de son rang
Est la plus acharnée et veut tout mettre à sang.

SCÈNE II. — LUCILE, LISETTE,
CHAMPAGNE.

LUCILE.

Il faut que, pour le coup, Montval m'ait oubliée·

Il tarde trop longtemps, et j'en suis effrayée.

CHAMPAGNE.

Il est, mademoiselle, arrêté malgré lui,
Et cent fois plus que vous il en sent de l'ennui.

(Il sort.)

SCÈNE III. — LA MARQUISE, LUCILE, LISETTE.

LA MARQUISE, à Lucile.

Je te cherche partout; ta santé m'inquiète;
Elle paraît meilleure, et j'en suis satisfaite.

LUCILE.

Elle vous le paraît, mais elle ne l'est point.

LA MARQUISE.

Ton visage me rend tranquille sur ce point;
Un autre soin m'agite. Apprends que la comtesse
Prétend nous enlever ton médecin, ma nièce.

LISETTE.

Ah! quelle perfidie!

LUCILE.

Il faut l'en empêcher.

LA MARQUISE.

La ligue est générale, on veut nous l'arracher;
Toutes les femmes ont de l'amour pour cet homme;
Moi-même, au fond du cœur, je lui donne la pomme;
Si je faisais un choix, il tomberait sur lui.

LUCILE.

On doit le préferer, vous en convenez?

LA MARQUISE.

Oui.

Sa figure prévient, et son savoir étonne;
C'est un je ne sais quoi dans toute sa personne
Qui donne de la grâce au moindre mot qu'il dit.
Avec moins de mérite on nous tourne l'esprit;
Dès qu'on est à la mode, on devient notre idole;
La plus sage y succombe, ainsi que la plus folle;
L'exemple entraîne tout, il est contagieux,
Et l'éclat de la vogue éblouit tous les yeux.

LUCILE.

Quand on l'aime, on ne fait que lui rendre justice ;
Mais ce n'est pas un droit pour qu'on nous le ravisse.
La comtesse le peut consulter en ces lieux.

LA MARQUISE.

La perfide, aujourd'hui, pour se l'attacher mieux,
Veut lui faire épouser une veuve opulente
Qui n'est jeune ni vieille, et qu'on dit sa parente.

LUCILE.

Mais rien n'est plus affreux! Que dit-il à cela?

LA MARQUISE.

Mais il la remercie.

LUCILE.

Il y consentira!

LA MARQUISE.

Je ne sais : la comtesse est au fond si pressante,
Que je crains qu'il ne cède à sa poursuite ardente.

LUCILE.

Ma tante, agissez donc pour détourner ce coup.

LA MARQUISE.

Vraiment, si je pouvais...

LUCILE.

Vous y pouvez beaucoup.

LA MARQUISE.

La santé du logis s'y trouve intéressée,
Et c'est un procédé dont je suis offensée.

LUCILE.

J'en suis outrée ; il est tout des plus violents.
Vient-on dans les maisons pour enlever les gens,
Dans le temps que leur art nous est si salutaire,
Quand notre vie y tient par un nœud nécessaire?
Nous retomberons tous dès qu'il sera parti ;
C'est un assassinat digne d'être puni.

LISETTE, à la marquise.

Votre nièce a raison, j'approuve sa colère ;
C'est vous couper la gorge.

LA MARQUISE.

Oui, nous devons tout faire
Pour fixer près de nous notre aimable Prussien.

Cherchons toutes les trois un prompt et sûr moyen.

LUCILE.

Il vous serait aisé, si vous vouliez, ma tante,
De le lier ici d'une façon constante.

LA MARQUISE.

Apprends-moi donc comment j'y pourrai réussir.

LUCILE.

Je crains...

LA MARQUISE.

Tu ne dois pas ni craindre, ni rougir ;
Il me tarde déjà d'exécuter la chose.
Parle donc. Qui t'arrête ?

LUCILE.

Excusez-moi, je n'ose.

LA MARQUISE.

Pourquoi cette pudeur et cet embarras-là ?

LUCILE.

Lisette, qui le sait, pour moi vous l'apprendra ;
Je la laisse avec vous pour qu'elle vous le dise.

(Elle sort.)

SCÈNE IV. — LA MARQUISE, LISETTE.

LISETTE.

Madame, puisqu'il faut que je vous en instruise,
Le moyen d'arrêter ce grand homme chez vous
Est de vous l'attacher par un nœud des plus doux ;
Et, puisqu'on lui propose ailleurs un mariage,
Vous lui pouvez offrir ici même avantage.

LA MARQUISE.

Cet expédient-là n'est pas si mal trouvé.

LISETTE.

Cet hymen est sortable, il doit être approuvé.
Votre nièce craignait...

LA MARQUISE.

Elle avait tort, Lisette.
Si je me détermine à ce qu'elle souhaite,
C'est pour ma guérison, moins que pour sa santé ;
Il est vrai que j'y vois de la difficulté ;

Mais pour elle il n'est rien que mon cœur n'aplanisse ;
Laissez-moi seule ici pour que j'y réfléchisse.
Ne dis rien à ma nièce encor sur ce parti ;
J'irai l'en informer quand je l'aurai choisi.

(Lisette s'en va.)

SCÈNE V. — LA MARQUISE.

Ce lien, dans l'instant où Lucile est promise,
Où son hymen s'apprête, où l'heure même est prise
Pour l'unir à Cléon dans cette même nuit,
Ne peut la regarder ; c'est moi, sans contredit,
C'est moi seule qui dois, au défaut de ma nièce,
Renverser ton projet, orgueilleuse comtesse ;
Et, plutôt que la main nous ôte notre bien,
Je m'unirai pour elle au médecin prussien.
Je me sacrifirai pour la santé commune ;
Je puis lui présenter ma main et ma fortune,
Dans un jour où Cléon enrichit tous les miens.
Mon âge et mon esprit sont assortis aux siens ;
Il a près de trente ans, je n'en ai pas quarante ;
La veuve qu'on propose en doit avoir cinquante :
Elle est riche, dit-on ; mais je le suis assez
Pour un cœur qui n'a pas les vœux intéressés.
Je suis sûre d'ailleurs qu'il m'estime d'avance,
Et j'ose me flatter d'avoir la préférence.
Voilà mon parti pris : mais la difficulté
Est d'en faire l'aveu sans blesser ma fierté.
Je le vois qui paraît, et je sens à sa vue
Une timidité qui m'était inconnue.

SCÈNE VI. — MONTVAL, LA MARQUISE.

MONTVAL.

Je m'arrache à la fin à l'importunité.

LA MARQUISE.

Je vous fais compliment ; et votre vanité
Doit se trouver, monsieur, extrêmement contente:
La comtesse vous offre une riche parente.

MONTVAL.

L'honneur qu'elle me fait est peu flatteur pour moi.

LA MARQUISE.

Vous déguisez, monsieur.

MONTVAL.

Je parle en bonne foi.

LA MARQUISE.

Vous partez cependant pour suivre la comtesse.

MONTVAL.

Moi ! m'éloigner de vous ? moi ! quitter votre nièce ?

LA MARQUISE.

On vient de m'assurer que vous l'accompagniez.

MONTVAL.

Je ne pars pas, à moins que vous ne me chassiez.
Où pourrais-je être mieux qu'auprès de vous, madame ?
Je vous suis attaché jusques au fond de l'âme.
Je voudrais me lier encore de plus près.
Je voudrais en ce lieu me fixer pour jamais ;
Passer tous mes instants en votre compagnie,
Et conserver vos jours aux dépens de ma vie.

LA MARQUISE.

Quoi ! notre médecin veut s'allier à nous ?

MONTVAL.

Oui, ma santé soupire après un nœud si doux.
Le médecin se meurt, si son mal ne vous touche,
Et son bonheur dépend d'un mot de votre bouche.
Voyez à vos genoux tomber la faculté.

LA MARQUISE.

Arrêtez ; cet état blesse sa gravité.

MONTVAL.

Je ne puis prendre un air trop soumis et trop tendre :
J'ai besoin d'indulgence, et je vais vous surprendre.
Apprenez mon amour et mes vrais sentiments.

LA MARQUISE.

Épargnez-vous ce soin, monsieur, je les entends ;
Je vous dirai bien plus, je n'y suis pas contraire :
Mais la décence veut que j'en parle à mon frère.
Adieu. Vous n'aurez pas à languir bien du temps ;
Nous allons, de concert, rendre vos vœux contents.

(Elle s'en va.)

SCÈNE VII. — MONTVAL.

Quel discours enchanteur! faut-t-il que je le croie?
Je demeure interdit de plaisir et de joie!
Lucile, vos parents vont combler mon bonheur,
Et de tous vos appas je serai possesseur.
Mon cœur rend, pour le coup, grâce à la médecine,
Je vous dois à son art, je la tiens pour divine.

SCÈNE VIII. — MONTVAL, CHAMPAGNE.

CHAMPAGNE.

Je n'en puis plus, monsieur, je rentre épouvanté!
Notre vie, en ce lieu, n'est pas en sûreté.

MONTVAL.

Pourquoi?

CHAMPAGNE.

Fuyons, monsieur.

MONTVAL.

Quelle est cette folie?

CHAMPAGNE.

On vous soupçonne ici de guérir par magie.

MONTVAL.

Quel conte!

CHAMPAGNE.

C'est un fait que j'ai trop entendu;
Ce bruit, dans tout le bourg, vient d'être répandu.
Voilà le sort qui suit la grande réussite :
On admire d'abord, on se déchaîne ensuite.

MONTVAL.

Oh! le plaisant péril, pour en être effrayé.

CHAMPAGNE.

Je craindrais moins pour vous; mais je suis de moitié.
Comme, à vingt pas d'ici, je sifflais dans la rue,
Un manant dit tout bas, fixant sur moi sa vue :
Il appelle le diable, il faudrait le noyer;
Ou plutôt le rôtir, dit l'autre; il est sorcier.
Je m'éloigne à ces mots; leur troupe m'accompagne :
Ils allaient me saisir; c'était fait de Champagne,

Si la comtesse alors, qui parut à propos,
N'eût, avec tous ses gens, écarté ces marauds.
J'ai loué mille fois son heureuse rencontre :
Les femmes sont pour nous si les hommes sont contre.

MONTVAL.

Finis ce vain propos. Va, je n'ai pas le temps
De perdre, à t'écouter, de précieux instants;
Je les dois aux transports que mon bonheur m'inspire.
J'obtiens enfin Lucile, et je cours l'en instruire.

CHAMPAGNE.

Comment! on vous l'accorde?

MONTVAL.

            Oui : je vais l'épouser

CHAMPAGNE.

Le sort vient jusque-là de vous favoriser?

MONTVAL.

Oui : juge de ma joie.

CHAMPAGNE.

            Ah! mon cœur la partage.
Son père vient : son air est d'un heureux présage.

SCÈNE IX. — LE BARON, MONTVAL CHAMPAGNE.

LE BARON.

Je viens tout transporté. Ce que m'a dit ma sœur
Est-il bien vrai? parlez, mon cher libérateur!
Vous allez être à nous tout entier, sans partage;
Je bénis le lien d'un si beau mariage.

MONTVAL.

Je dois remercier plutôt votre bonté.

LE BARON.

Nous ne vous perdons pas, et j'en suis enchanté.
Me voilà pour jamais revenu de ma crainte,
D'une vive douleur j'en avais l'âme atteinte;
Le ciel vient pour nos jours de vous bien conseiller;
Vous serez à portée en tout temps d'y veiller.

MONTVAL.

J'en ferai ma première et ma plus chère étude;

J'écarterai de vous la moindre inquiétude.

LE BARON.

Poëte et médecin, que de ressource en vous ! [doux?
Pouvons-nous faire un choix plus commode et plus
Vous rimerez pour moi pendant la matinée,
Et ma fille pourra vous voir l'après-dînée.
Le soir vous donnerez tous vos soins à ma sœur.
Pour toute ma maison quel plaisir ! quel bonheur !
Un nœud si fortuné ne peut trop tôt se faire,
Et je brûle déjà de vous voir mon beau-frère.

MONTVAL, à part.

Qu'entends-je, juste ciel ?

LE BARON, MONTVAL, CHAMPAGNE, CLÉON.

LE BARON.

Cher Cléon, savez-vous
La nouvelle faveur qui se répand sur nous ?
Monsieur s'allie à moi.

CLÉON.

Votre sœur, que je quitte,
Vient de m'en informer, et je vous félicite..
On nous attend tous trois : le notaire est là-bas.

LE BARON.

Allons vite ; au lieu d'un, il fera deux contrats.

(Il sort.)

SCÈNE XI. — CLÉON, MONTVAL.

MONTVAL, à part.

Ne ménageons plus rien dans cet instant funeste,
Et risquons tout pour rompre un nœud que je déteste.

(Retenant Cléon qui s'en va.)

Arrêtez ; votre état, monsieur, me fait frémir ;
Malgré vous-même enfin je veux vous secourir.
Je puis vous guérir seul du mal qui vous possède.

CLÉON.

L'amour m'en guérira, sans employer votre aide.

MONTVAL.

Gardez-vous de former un lien si fatal ;
Le remède cent fois est pire que le mal.

CLÉON.

C'est l'amour qui l'ordonne, il sera salutaire.

MONTVAL.

Monsieur, encore un coup, l'amour vous est contraire.

CLÉON.

Mais, si l'on vous en croit, l'amour n'est jamais **bon**.

MONTVAL.

Je ne dis pas cela ; c'est selon la saison.
Dans la jeunesse il est, s'il faut ne vous rien taire,
Il est bon, excellent, qui plus est nécessaire.
De vingt ans jusqu'à trente il est un agrément,
Et même une vertu quand il est sentiment ;
Mais il ne convient pas que je vous dissimule
Qu'à soixante...

CLÉON.

J'entends ; il est un ridicule.

MONTVAL.

Il deviendra funeste à vous non-seulement,
Mais à Lucile encore, ainsi qu'à son amant.

CLÉON.

Son amant !

MONTVAL.

Oui, monsieur, l'amant le plus fidèle.

CLÉON.

Le connaissez-vous ?

MONTVAL.

Fort.

CLÉON.

Lucile l'aime-t-elle ?

MONTVAL.

Puisqu'il faut vous l'apprendre, éperdûment, monsieur.

CLÉON.

Chaque mot est un trait qui me perce le cœur.

MONTVAL.

Pardon ; pour le guérir, il faut que je le blesse.

CLÉON.
Votre secours, monsieur, est d'une étrange espèce;
Et jamais...

MONTVAL.
Le remède est violent, d'accord;
Mais naturellement vous avez l'esprit fort.
Je risque, sur un cœur aussi grand que le vôtre,
Ce que je n'oserais essayer sur un autre.
Sa générosité du succès me répond :
Consultez-la, monsieur, l'effet en sera prompt.
Courage; ce soupir m'est d'un flatteur augure.

CLÉON.
La vertu de Lucile, après tout, me rassure;
Elle oublîra l'amant.

MONTVAL.
Non, ne l'espérez pas.
Son absence a pensé lui coûter le trépas.

CLÉON.
Que dois-je faire? ô ciel !

MONTVAL.
Suivre mon ordonnance.
Prenez, monsieur, prenez pour guide la prudence;
Signalez vos vertus par un effort nouveau;
Étouffez sagement l'amour dans son berceau,
Et de deux vrais amants protégez la constance;
Je vous réponds, monsieur, de leur reconnaissance.
Vous goûterez le bien de faire des heureux;
En est-il un plus grand pour un cœur généreux ?
Le bonheur qui suivra cette gloire infinie
Va, de dix ans au moins, vous prolonger la vie.

CLÉON.
Je rougis...

MONTVAL.
Bon; tant mieux. Qui commence à rougir
Tout haut de sa faiblesse est bien près d'en guérir.

CLÉON.
Je surmonte la mienne, et je sens qu'à mon âge
L'amour est un écueil et l'hymen un naufrage.
Instruisez-en Lucile, et son amant aussi.

MONTVAL.

Il l'est déjà, monsieur; vous le voyez ici.

CLÉON.

Comment! serait-ce vous?

MONTVAL.

Oui, mon âme ravie
Ne doit plus vous cacher mon état, ma patrie.
Je suis Français, monsieur: la guerre est mon métier,
Et j'ai, depuis quatre ans, l'honneur d'être officier.
Montval est mon vrai nom; tout le reste est l'ouvrage
D'un amour qui n'a pas la richesse en partage.

SCÈNE XII. — LE BARON, CLÉON,
MONTVAL, LA MARQUISE, LUCILE.

CLÉON, au baron, à la marquise et à Lucile.

Approchez tous les trois; venez, soyez témoins
Du prodige nouveau qu'ont opéré ses soins:
Lucile n'a plus rien à craindre de ma flamme,
D'un amour ridicule il a purgé mon âme;
Nous voilà tous guéris par son art souverain;
N'en soyez plus surpris, il n'est plus médecin.

LE BARON.

Ma fille nous l'a dit, ma sœur est détrompée,
Et je suis enchanté qu'il soit homme d'épée.
Il est toujours poëte, et c'est ce que je veux.

CLÉON.

Ils s'aiment; permettez que je les rende heureux;
Ils auront tous mes biens.

LUCILE.

Quel bonheur!

MONTVAL.

Quelle gloire!

LE BARON.

O générosité qu'on aura peine à croire!

LA MARQUISE.

J'ai fait une méprise et viens de m'égarer;
C'est peu de l'avouer, je veux la réparer.

(A Cléon.)

Votre exemple, monsieur, est des plus héroïques;
Je le suis : ils seront mes héritiers uniques.

LE BARON, à Cléon.

Nous devons...

CLÉON.

      Vous devez me faire compliment
D'allier aujourd'hui ce qu'on joint rarement,
Et qu'on devrait toujours joindre par préférence :
J'unis le vrai mérite à la rare constance,
La gloire à la beauté, l'esprit aux sentiments,
Les grâces au savoir, les vertus aux talents;
Puis-je de mes trésors faire un meilleur usage ?

(A Montval et à Lucile, qu'il unit ensemble.)

Mes enfants, formez vite un si bel assemblage;
Soyez riches tous deux par mes justes bienfaits :
Ce don vous manquait seul, et vous voilà parfaits.

FIN

PARIS. — IMP. Vᵛᵉ P. LAROUSSE ET Cⁱᵉ, RUE NOTRE-DAME-DES-CHAMPS, 49

20 c — THÉATRE — 20 c.

CHEZ TOUS LES LIBRAIRES

200 autres volumes d'ici fin présente année 1878.

MAI 1878

Gluck
101 Orphée
102 Alceste
103 Armide
104 Echo et Narcisse
105 Iphigénie en Aulide

Fuzelier
106 Momus fabuliste

D'Orneval
107 Arlequin traitant

Collé
108 La Partie de chasse
109 Vendanges de la Folie
110 Dupuis et Desronais
111 L'Esprit Follet

Piccinni
112 Didon
113 Roland
114 Atys
115 Pénélope
116 Iphigénie en Tauride

Legrand
117 Ballet de XXIV heures
118 La Famille extravagante
119 L'Aveugle clairvoyant

Dominique
120 Agnès de Chaillot
121 Les Quatre Semblables
122 Les Paysans de qualité

Romagnesi
123 Le Temple de la Vérité
124 Amusements à la mode
125 Les Fées

JUIN 1878

Martini
126 Annette et Lubin
127 La double Fête

Boursault
128 Le Mercure galant
129-130 Esope—Esope à la cour
131 Le Mort vivant

Sacchini
132 Œdipe — 133 Dardanus
134 Tancrède

Desmahis
135 La Veuve—136 Triomphe

Mondonville
137 Titon et l'Aurore

Fagan
138 Les Originaux

Goldoni
139 Le Bourru bienfaisant

Guyot de Merville
140 La Famille Glinet

Dezède
141 Blaise — 142 Alexis
143 Les trois Fermiers

Chéron
144 Le Tartufe de mœurs

Gueulette
145 Le Trésor supposé

Paiseillo
146 Nina folle par Amour

Campra
147 Hésione

Favart
148 Les Deux Jumelles
149 L'Anglais à Bordeaux
150 Les trois Sultanes

150 autres volumes d'ici fin présente année 1878.

PARIS. — IMP. Vᵉ P. LAROUSSE ET Cᵉ, RUE NOTRE-DAME-DES-CHAMPS, 49

www.ingramcontent.com/pod-product-compliance
Lightning Source LLC
Chambersburg PA
CBHW070130100426
42744CB00009B/1781